GÉOGRAPHIE SACRÉE

Tout exemplaire qui ne porte pas la griffe des auteurs est contrefait.

Paris. — Typographie Panckoucke, rue des Poitevins, 14.

GÉOGRAPHIE
SACRÉE

CONTENANT L'ORIGINE DES NATIONS

L'ÉTAT DE LA PALESTINE AUX DIFFÉRENTES ÉPOQUES

DEPUIS LE TEMPS D'ABRAHAM

JUSQU'A LA CONQUÊTE DE CETTE CONTRÉE PAR LES ROMAINS

et des notices historiques sur tous les lieux célèbres

CITÉS DANS L'ANCIEN ET DANS LE NOUVEAU TESTAMENT

ouvrage suivi d'une

TABLE ALPHABÉTIQUE COMPLÈTE

ET D'UN PLAN DE JÉRUSALEM

PAR

MM. ACHILLE MEISSAS ET MICHELOT

Auteurs de plusieurs ouvrages de Géographie
adoptés par l'Université

Troisième Édition

L. HACHETTE ET Cie

LIBRAIRES DE L'UNIVERSITÉ ROYALE DE FRANCE

A PARIS	A ALGER
RUE PIERRE-SARRAZIN, N° 12	RUE DE LA MARINE, N° 117
(Quartier de l'École de Médecine)	(Librairie centrale de la Méditerranée)

1848

ARCHEVÊCHÉ DE PARIS.

DENIS-AUGUSTE AFFRE, par la miséricorde divine et la grâce du saint-siége apostolique, archevêque de Paris,

Nous avons approuvé et approuvons par les présentes un livre de format in-18, ayant pour titre : *Géographie sacrée*, lequel a été soumis à notre examen par les auteurs, MM. Achille Meissas et Michelot. Cet ouvrage nous a paru rédigé avec soin, et nous le recommandons comme utile pour faciliter l'étude de l'histoire sainte et la lecture des auteurs sacrés.

Donné à Paris, sous notre seing, le sceau de nos armes et le contreseing de notre secrétaire, le quinze février mil huit cent quarante et un.

† DENIS,
archevêque de Paris.

Par mandement de monseigneur l'archevêque de Paris,

E. ÉGLÉE,
chanoine, secrétaire.

TABLE DES MATIÈRES.

———◦————

PREMIÈRE PARTIE.

PARTIE HISTORIQUE.

CHAPITRE I.

CHAPITRE II.

CHAPITRE III.

CHAPITRE IV.

CHAPITRE V.

CHAPITRE VIII.

CHAPITRE IX.

AVERTISSEMENT.

La Géographie sacrée est spécialement destinée à faciliter l'étude de l'histoire sainte et la lecture des auteurs sacrés. Nous l'avons divisée en deux parties principales. La première fait connaître l'origine des nations qui ont peuplé le monde, et les différentes divisions de la Palestine aux principales époques, depuis la dispersion des hommes jusqu'à la conquête de ce pays par les Romains. Dans la seconde partie, nous donnons une description détaillée de la Palestine, avec des notices historiques sur toutes les villes et les lieux remarquables.

En rédigeant cet ouvrage, nous avons eu constamment la Bible sous les yeux. Nous avons voulu rappeler à la jeunesse les lieux et les faits les plus intéressants qu'on remarque en lisant les livres saints, mais sans nous écarter jamais de ce que les auteurs de ces livres ont écrit : souvent même nous avons emprunté leurs propres expressions. Néanmoins il a fallu nous aider des travaux que beaucoup de savants ont publiés sur le même sujet, lorsque le texte de la Bible ne suffisait pas pour faire connaître les lieux qui y sont cités. Nous avons aussi ajouté aux lieux nommés dans l'histoire sainte, un petit nombre de villes de la Palestine, célèbres dans l'histoire profane, et qui avaient une grande importance dans le premier siècle de l'ère chrétienne. Nous avons surtout consulté, pour ces villes, l'historien Josèphe, que sa position et le rôle important qu'il a joué dans la guerre des Juifs contre les Romains, mettaient en état de connaître, mieux que tout autre écrivain profane, l'histoire et la géographie de la Judée. Les notions sur les mesures et le calendrier des Hébreux sont tirées de la Métrologie de M. Saigey.

L'orthographe des noms de lieux de la Terre Sainte n'est pas la même dans tous les auteurs. Plusieurs de ces noms ont été modifiés par le temps aux différentes époques de l'histoire des Juifs; d'ailleurs les savants ne sont pas d'accord entre eux sur la manière de représenter en français les sons des langues orientales. Nous avons suivi pour chaque mot l'orthographe généralement usitée dans les éditions les plus répandues de la Bible.

Nous nous sommes peu étendus sur les contrées éloignées de la Palestine. On trouvera dans notre *Géographie ancienne, comparée avec la Géographie moderne,* toutes les notions qu'on a besoin d'avoir sur ces contrées. Nous avons cependant indiqué, pour chacune, les lieux les plus importants dans l'histoire sacrée.

Pour compléter notre travail, et rendre l'étude de la Géographie sacrée plus claire et plus facile, nous avons préparé des *cartes de Géographie sacrée,* que l'on grave en ce moment et qui paraîtront au milieu de l'année 1841. On y trouvera tous les détails nécessaires pour l'intelligence de la Géographie sacrée à ses diverses époques. Ces cartes forment un petit atlas particulier; mais elles sont du même format que notre *petit Atlas universel de Géographie ancienne et moderne*, auquel on pourra les réunir. (Voir le catalogue des cartes.)

Nous avons publié aussi une grande carte murale de la Palestine, avec un plan de Jérusalem, une carte de la terre de Chanaan avant l'arrivée des Israélités, et une carte de la route des Israélites dans le désert. Cette carte est en seize feuilles. Tous les lieux remarquables y sont très-distinctement indiqués.

Nota. Pour ne pas fatiguer la mémoire des enfants, on peut négliger, dans l'étude de la Géographie sacrée, le *tableau des villes données à chaque tribu* (1re partie, chapitre VI). On trouvera dans la seconde partie, des notices historiques sur les plus importantes de ces villes.

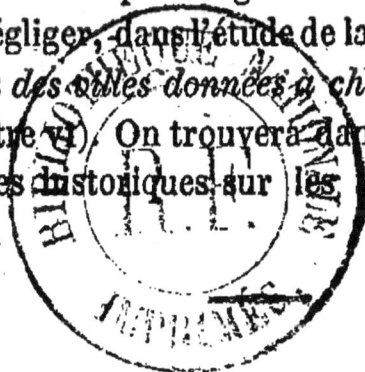

GÉOGRAPHIE SACRÉE.

PREMIÈRE PARTIE.

PARTIE HISTORIQUE.

CHAPITRE Ier.

1.

PARADIS TERRESTRE, OU ÉDEN.

Dès le commencement, Dieu plaça Adam et Ève dans un jardin délicieux, qu'on appelle communément *Paradis terrestre* ou *Éden.*

Ce jardin était orné de toutes sortes d'arbres beaux à la vue, et dont les fruits étaient agréables au goût. Au milieu du Paradis était l'arbre de vie et l'arbre de la science du bien et du mal.

Dans ce lieu de délices, il sortait de la terre un fleuve qui se divisait en quatre canaux : le premier, le *Phison,* qui coule tout autour du pays d'Hévilath où l'on trouve de l'or; le deuxième

1

s'appelle *Géhon*, il coule tout autour du pays de Chus; le troisième s'appelle le *Tigre*, qui se répand vers les Assyriens; l'*Euphrate* est le quatrième de ces fleuves.

Les commentateurs ne sont pas d'accord sur la situation du Paradis terrestre. Il semble cependant que Moïse a voulu désigner, par cette description, le pays situé entre le Caucase et le golfe Persique. Là coulent le Tigre et l'Euphrate, qui portent encore aujourd'hui les mêmes noms. Le Phison paraît être le Phase, renommé dans l'antiquité par l'or qui se trouvait dans ses sables. Le Géhon est l'Araxe, que les auteurs arabes appellent encore aujourd'hui Gihon. Des peuples de la race de Chus, ou Éthiopiens, se trouvaient établis sur les bords de ce fleuve, au rapport même des auteurs profanes.

2.

PREMIÈRES HABITATIONS DES HOMMES.

Après leur chute, Adam et Ève habitèrent à l'orient d'Éden. L'Écriture sainte ne dit rien de plus sur les pays que leurs descendants occupèrent avant le déluge.

Après le déluge, l'arche de Noé s'arrêta sur le mont Ararat, en Arménie. Noé et ses enfants, à leur sortie de l'arche, durent s'établir au sud-est de ce pays, puisque leurs descendants venaient de l'Orient quand ils se fixèrent dans le pays de *Sennaar*, entre le Tigre et l'Euphrate. C'est là qu'ils fondèrent la ville de *Babel* ou Babylone, et commencèrent cette fameuse tour dont le Seigneur arrêta la construction par la confusion des langues.

CHAPITRE II.

3.

DISPERSION DES HOMMES.

La race de Noé, désunie par la confusion des langues, se dispersa et alla peupler les différentes contrées de la terre. Voici quels étaient les fils de Noé, et ceux de leurs descendants dont l'Écriture sainte a conservé les noms, parce qu'ils furent pères de nations célèbres.

Noé eut trois fils, Sem, Cham et Japhet. Les descendants de Japhet occupèrent le nord et l'ouest de l'Asie, et se répandirent ensuite en Europe.

Les enfants de Cham peuplèrent une grande partie de l'Arabie, la Syrie et presque toute l'Afrique.

Ceux de Sem eurent en partage le sud et l'est de l'Asie.

4.

Fils de Japhet.

Les fils de Japhet furent Gomer, Magog, Madaï, Javan, Thubal, Mosoch et Thiras.

1° Gomer s'établit au nord de l'Asie Mineure, où son nom s'est conservé chez les Gomares; peuple dont les Galates ou Gallo-Grecs envahirent le pays quand ils passèrent en Asie. Gomer fut encore le père des Cimmériens et des Celtes qui se répandirent dans la plus grande partie de l'Europe.

Ascénez, fils de Gomer, s'établit dans l'Asie Mineure au bord de la mer Noire, qui, de son nom, fut appelée mer d'Ascénez.

Riphath, autre fils de Gomer, habita le pays que les Grecs ont appelé Paphlagonie. Selon quelques auteurs, sa postérité alla beaucoup plus au nord, vers les monts Riphées.

Thogorma, troisième fils de Gomer, se fixa auprès du mont Ararat. De lui sont descendus les Arméniens, les Géorgiens et les peuples du Caucase.

L'historien Josèphe dit que Thogorma fut le père des Phrygiens.

2° Magog fut le père des Scythes.

3° Madaï fut le père des Mèdes.

4° Javan fut le père des Grecs.

Élisa, fils de Javan, fut le père des Éoliens et de quelques autres nations grecques.

Tharsis, second fils de Javan, peupla la Cilicie, où la ville de Tharsis ou Tarse a conservé son nom.

Céthim, troisième fils de Javan, occupa la Macédoine et l'île de Cypre.

Dodanim, quatrième fils de Javan, s'établit dans l'île de Rhodes ; quelques-uns font venir ses descendants jusqu'en Épire, où l'on remarquait la ville et l'oracle de Dodone.

5° Thubal et 6° Mosoch s'établirent près l'un de l'autre, au midi du Caucase, dans les monts Moschiques.

Thubal fut le père des Ibériens, qui habitaient au sud du mont Caucase, et Mosoch, celui des Moschimiens, appelés Cappadociens par les Grecs.

7° Thiras, dernier fils de Japhet, fut le père des Thraces.

5.

Fils de Cham.

Les fils de Cham furent Chus, Mesraïm, Phuth et Chanaan.

1° Chus fut le père des Éthiopiens.

Les fils de Chus furent : Saba, père des Sabéens, qui se répandirent dans l'Arabie Heureuse, et probablement aussi dans l'Abyssinie, en Afrique;

Hévila, père des Héviléens ou Gétuliens;

Sabatha, père des Sabathéens ou Astaboriens, en Éthiopie;

Regma et Sabatacha, qui se répandirent dans différents cantons de l'Arabie et de l'Afrique.

Séba et Dadan ou Dédan, fils de Regma, s'établirent dans la même contrée.

Nemrod, autre fils de Chus, fut le premier homme qui commença à être puissant sur la terre : il régna dans Babylone et sur le pays de Sennaar.

Selon Josèphe, Romus, autre fils de Chus, eut un fils nommé Juda, qui donna son nom aux Juifs qui habitaient parmi les Éthiopiens occidentaux, et un autre fils, nommé Sabéus, aïeul d'un peuple sabéen ; mais Romus et ses fils ne sont pas cités dans la Genèse.

2° Mesraïm fut père des Égyptiens et de plusieurs autres nations.

Ludim, fils de Mesraïm, fut père de quelques peuples éthiopiens.

Anamim, autre fils de Mesraïm, fut père des Ammoniens et des Garamantes.

Laabim ou Lubim, troisième fils de Mesraïm, fut père des Libyens.

Nephthuim, quatrième fils de Mesraïm, s'établit entre le Nil et la mer Rouge, au midi de l'Égypte. Quelques auteurs placent ses descendants dans la Marmarique, près de la Cyrénaïque.

Phétrusim, cinquième fils de Mesraïm, fut le père des Philistins.

Chasluim, sixième fils de Mesraïm, fut le père des Caphtorins, nation voisine des Philistins.

3° Phuth, troisième fils de Cham, peupla l'Afrique occidentale, où son nom se conserva longtemps dans un canton de la Mauritanie. De nos jours même, on a cru le reconnaître dans le Fouta-Toro, le Fouta-Dialon, et dans plusieurs autres pays occupés par la race des Foulahs ou Peuls.

4° Chanaan, quatrième fils de Cham, s'établit au sud-ouest de la Syrie, dans le pays qui conserva son nom. Ses onze fils furent: Sidon, père des Sidoniens; Héthéus, père des Héthéens; Jébuséus, père des Jébuséens; Amorrhéus, père des Amorrhéens; Gergéséus, père de Gergéséens; Hévéus, père des Hévéens; Aracéus, père des Aracéens; Sinéus, père des Sinéens; Aradius, père des Aradiens; Samaréus, père des Samaréens; et Amathéus, père des Amathéens.

Plusieurs de ces onze peuples s'appliquèrent au commerce et à la navigation, et répandirent leurs colonies sur toutes les côtes de la Méditerranée, et même sur celles de l'océan Atlantique.

6.

Fils de Sem.

Les fils de Sem furent Élam, Assur, Arphaxad, Lud et Aram.

1° Élam fut père des Élamites ou Élyméens, en Perse; 2° Assur, fondateur de Ninive et de Résen, fut le père des Assyriens; 3° Arphaxad s'établit au nord de l'Assyrie; il fut père des Arphaxadiens, qui furent ensuite appelés Chaldéens; 4° Lud fut, selon quelques-uns, le père des Lydiens; selon d'autres, sa postérité habita au nord de la Mésopotamie, vers les sources du Tigre; 5° Aram fut père des Araméens ou Syriens, nation nombreuse qui s'étendit depuis la Méditerranée jusqu'aux montagnes de la Perse.

Les fils d'Aram, Us, Hul, Géther et Mès, se répandirent dans quelques contrées voisines : Us habita la Trachonitide, et bâtit la ville de Damas; Hul ou Otrus occupa l'Arménie; Géther fut prince des Bactriens; et Mès fut le chef des Mésaniens, dans la vallée de Pasin, près des bouches du Tigre et de l'Euphrate.

Jectan, arrière-petit-fils d'Arphaxad, eut treize fils, qui s'établirent dans différents cantons de l'Arabie.

Ces fils furent Elmodad, Saleph, Asarmoth, Jaré, Aduram, Uzal, Décla, Ébal, Abimaël, Saba, Ophir, Hévila et Jobab.

Ébal, l'un d'entre eux, passa en Afrique, où il fut père des Avalites.

CHAPITRE III.

7.

ORIGINE ET PREMIÈRES DEMEURES DES HÉBREUX.

Les Hébreux descendaient de Phaleg, frère de Jectan. On fait venir leur nom d'Héber, petit-fils d'Arphaxad et père de Phaleg.

Les descendants d'Arphaxad furent, par ordre de génération, Salé, Héber, Phaleg, Réu, Sarug, Nachor, Tharé, père d'Abraham.

Abraham, à qui les Hébreux et beaucoup d'autres nations arabes doivent leur origine, habitait la ville d'Ur, en Chaldée. Il en partit avec son père Tharé et son neveu Loth, et tous trois vinrent s'établir à Haran, en Mésopotamie. Abraham en sortit dans la suite par ordre de Dieu, et vint, avec son neveu Loth, dans le pays de Chanaan, que Dieu avait promis à sa postérité.

Ce pays était alors occupé par les onze peuples descendant des fils de Chanaan, que nous avons nommés dans le chapitre précédent.

L'Écriture cite encore les Phérézéens au milieu, et les Cénézéens au midi du pays de Chanaan ; les Philistins, qui étaient voisins de la Méditerranée, au sud-ouest de Chanaan; les Cedmonéens, dont la position n'est pas connue ; les Raphaïtes, les Zuzites et les Émim ou Émites, peuples de géants, qui habitaient à l'orient du Jourdain, près de la terre de Chanaan; les Horréens, habitant les montagnes de Séir ou de Hor, au sud de Chanaan.

Abraham demeura principalement, chez les Amorrhéens, dans la vallée de Mambré, près d'Hébron.

Il eut huit fils : Isaac, Ismaël, Zamran, Jecsan, Madan, Madian, Jesboc et Sué, pères de différentes nations arabes. Nous ferons connaître les principales de ces nations à l'époque de Moïse.

Jacob ou Israël, fils d'Isaac, fut le père des Hébreux ou Israélites. Ésaü ou Édom, autre fils d'Isaac, fut le père des Iduméens ou Édomites.

Jacob s'établit, avec ses douze fils, en Égypte, où Joseph, l'un d'eux, était ministre du roi. Cette famille, adonnée à l'éducation des troupeaux, obtint les gras pâturages de Gessen, dans la basse Égypte. Elle s'y multiplia tellement, qu'elle forma bientôt un peuple nombreux, et inspira des craintes sérieuses aux Égyptiens; ceux-ci opprimèrent les Israélites et les accablèrent de travaux, afin de diminuer leur nombre.

Après avoir demeuré plus de deux cents ans en Égypte, les Hébreux furent délivrés de la servitude par Moïse, que Dieu avait choisi pour leur donner ses lois et les conduire dans la terre de Chanaan.

Nous ferons connaître, dans le chapitre suivant, les peuples et les villes de la Terre Promise et des pays voisins à cette époque.

CHAPITRE IV.

8.

PEUPLES DE LA TERRE DE CHANAÀN ET DES
CONTRÉES VOISINES, AVANT L'ARRIVÉE DES
ISRAÉLITES.

Les onze peuples issus des fils de Chanaan
étaient, en commençant par le nord : les Sidoniens, les
Amathéens, les Gergéséens, les Samaréens, les Hévéens, les Amorrhéens, les Jébuséens, les Héthéens, les Sinéens, les Aradiens et les Aracéens.

Près d'eux étaient, au sud-ouest et au sud, les
Philistins, les Phérézéens, les Cénézéens, les Énacim; à l'est du Jourdain, les Raphaïtes, les Zuzites, les Zonzommim, les Émim; dans la partie
de l'Arabie qui touche à la terre de Chanaan, les
Ammonites, les Moabites, les Ismaélites, les Madianites, les Nabathéens, les Amalécites, les Iduméens et les Horréens.

Au sud-ouest, la terre de Chanaan confinait à
l'Égypte, où les descendants de Jacob habitèrent
longtemps.

Au nord-ouest était la Phénicie, occupée par les Sidoniens ; au nord, s'étendait la Syrie, appelée Aram dans l'Écriture.

9.

NOTICES SUR CHACUN DE CES PEUPLES.

Peuples issus de Chanaan.

1° Les SIDONIENS furent le plus célèbre et le plus puissant des onze peuples issus de Chanaan. *Sidon*, la plus ancienne de leurs villes, est appelée, dans l'Écriture, la *grande Sidon* ; elle fut regardée, dans l'antiquité, comme la mère du commerce. De son sein sortirent les colonies qui fondèrent *Tyr, Arad, Tripoli,* et plusieurs autres villes sur les côtes de la grande Mer. Les Sidoniens possédaient aussi *Sarepta, Laïs, Acco.* Leur pays fut appelé Phénicie par les Grecs. Ils ne furent jamais soumis aux Israélites.

2° Les AMATHÉENS habitaient le nord du pays de Chanaan, où ils possédaient *Amath* ou *Émath* ; ils fondèrent, sur l'Oronte, en Syrie, une autre ville d'*Émath* que les Grecs appelèrent plus tard *Épiphanie*. Les Amathéens s'étaient aussi répandus à l'est du Jourdain ; ils y possédaient *Amatha* ou *Sophan, Médaba* et quelques autres villes.

3° Les GERGÉSÉENS habitaient probablement près du lac de Génézareth ; on les a quelquefois confondus avec les GÉRASÉNIENS, habitants de la ville de *Gérasa*. Ils furent vaincus par Josué ; une partie d'entre eux se retira en Afrique.

4° Les SAMARÉENS occupaient le mont Sémeron, sur lequel fut bâtie dans la suite la ville de Samarie. A l'arrivée des Israélites, ils se retirèrent dans la Phénicie.

5° Les HÉVÉENS étaient d'abord au sud-ouest de la Terre de Chanaan ; ce pays leur fut enlevé par les Philistins ou par leurs voisins les Caphtorins, appelés par quelques traducteurs Cappadociens. Ils allèrent ensuite s'établir au pied du mont Hermon. Ils conservèrent cependant quelques villes dans le midi et le centre de la terre de Chanaan : *Sichem*, au temps de Jacob, leur appartenait ; les habitants de *Gabaon*, à l'arrivée de Josué, étaient des Hévéens.

6° Les AMORRHÉENS étaient d'abord à l'occident de la mer Morte ; ils se répandirent aussi à l'est de cette mer et du Jourdain. Ils étaient très-puissants au temps de Moïse : les deux rois Séhon et Og, qui furent vaincus par Moïse, étaient des princes amorrhéens. Le premier régnait depuis l'Arnon jusqu'au torrent de Jabok ; le second avait le royaume de Basan, depuis le torrent de Jabok jusqu'au mont Hermon.

Les cinq rois d'*Hébron*, de *Jérimoth*, de *Lachis*, d'*Églon* et de *Jérusalem*, qui se liguèrent pour assiéger la ville de Gabaon, parce qu'elle s'était rendue à Josué, sont appelés Amorrhéens par l'Écriture, qui comprend ainsi les Jébuséens sous la domination des Amorrhéens.

Ce peuple possédait encore plusieurs autres villes, telles que *Aïalon*, *Salébim*, etc., puisque, après la défaite de leurs cinq rois par Josué, les Amorrhéens resserrèrent encore dans les montagnes la tribu de Dan.

7° Les Jébuséens possédaient la ville de *Jébus*, nommée ensuite *Jérusalem*; ils restèrent dans leur pays, même après que leur ville eut été prise par David.

8° Les Héthéens habitaient les montagnes au sud d'Hébron et de Bersabée. Ils étaient puissants au temps d'Abraham; Josué ne put les détruire; sous le règne de Salomon, leurs rois devinrent tributaires de ce prince. Ils existaient encore comme peuple distinct, lorsque les Juifs revinrent de la captivité de Babylone.

9° Les Sinéens demeuraient près de la mer Morte; ils occupaient *Séboïm*, *Adama*, *Gomorrhe*,

Sodome et *Ségor*. Les quatre premières de ces villes périrent, au temps d'Abraham, par une pluie de souffre et de feu : après cette catastrophe, le pays qu'elles occupaient fut recouvert par les eaux qui formèrent ou agrandirent la mer Morte.

Il y avait aussi des Sinéens au nord de la Terre de Chanaan, au pied du mont Liban.

10° Les ARADIENS habitaient la ville d'*Arad*, au sud de la Palestine. On leur donne les villes de *Jérimoth*, *Hébron*, *Odullam* et *Églon*, qui étaient soumises à des rois amorrhéens, lors de l'arrivée de Josué ; ce qui porte à croire que les Aradiens étaient alors sous la domination des Amorrhéens. Il y avait aussi des Aradiens dans la Phénicie, où ils occupaient une autre ville d'*Arad*, aujourd'hui Ruad ; ils étaient alliés de Tyr, à laquelle ils fournissaient de bons soldats et de bons matelots.

11° Les ARACÉENS étaient à l'est et au sud de la mer Morte ; ils possédèrent longtemps la ville d'*Hésébon*, et celle d'*Arcé*, si célèbre dans l'antiquité sous le nom de *Pétra*. Il y avait aussi des Aracéens dans la Phénicie ; ils y possédaient une autre ville d'*Arcé*, aujourd'hui Arca.

12° Tous les peuples que nous venons de nom-

mer peuvent être appelés Chananéens, puisqu'ils
étaient tous issus de Chanaan; mais ce nom désigne
souvent dans l'Écriture, d'une manière plus parti-
culière, les peuples qui étaient compris entre le
Jourdain et la mer, dans la partie septentrionale
de la Terre de Chanaan.

Beaucoup de Chananéens émigrèrent en Afrique
à l'arrivée des Israélites.

10.

Peuples qui n'étaient pas issus de Chanaan.

1° Les Philistins étaient sortis de l'Égypte,
puisqu'ils descendaient de Phétrusim, cinquième
fils de Mesraïm. Ils s'emparèrent de la plus grande
partie du pays des Hévéens, quelque temps avant
l'arrivée d'Abraham, et se maintinrent toujours
dans cette contrée malgré les Israélites. David les
vainquit, mais l'Écriture ne dit nulle part qu'ils
aient été entièrement soumis; ils firent même fré-
quemment la guerre aux successeurs de David.
C'est d'eux probablement qu'est venu le nom de
Palestine que les Romains donnèrent à la terre de
Chanaan. On les a souvent confondus, mais à tort,
avec les Phéniciens. Ces derniers étaient au nord du
mont Carmel; les Philistins étaient plus au sud. Les
cinq principales villes qu'ils conservèrent, après Jo-

sué, furent *Geth, Accaron, Azot, Ascalon* et *Gaza.*

Amos et Jérémie disent que les Philistins étaient sortis de l'île ou pays de Caphtor; la position de ce pays n'est pas connue ; Moïse cite les Caphtorins à côté des Philistins, aiusi que nous l'avons dit au chapitre II.

2° Les Phérézéens n'avaient pas de demeures fixes ; on les voit souvent dans l'Écriture mêlés aux Chananéens. Quelques auteurs disent qu'ils possédaient la ville de *Bosra ;* on les place plus communément au nord des montagnes d'Éphraïm.

3° Les Cénézéens habitaient au midi de la Terre de Chanaan ; on a dit qu'ils descendaient de Cénez, fils d'Ésaü, mais à tort, puisqu'ils sont nommés par l'Écriture dès le temps d'A-braham.

4° Les Énacim (longs cous ou grands de taille) habitaient au midi de la terre de Chanaan ; ils tiraient leur nom d'Énac, fils d'Arbé ; c'étaient des hommes d'une taille extraordinaire, habitant des villes fortifiées, dont les principales étaient *Cariath-Arbé* ou *Hébron, Dabir* et *Anab.* Suivant l'expression des espions envoyés par Moïse, les Énacim étaient des géants semblables à des monstres, auprès desquels les Israélites paraissaient comme des sauterelles. Ils furent exterminés par les Israélites où disparurent du pays, au temps de Josué. Il n'y en eut plus que quelques restes qui habitèrent dans les villes des Philistins, *Azot*, *Gaza*, et *Geth* où était né le géant Goliath que tua David.

5° Les RAPHAÏTES ou RAPHAÏM (géants), peuple de géants, habitaient *Astaroth-Carnaïm*, au pays de Basan. Ils furent vaincus par Chodorlahomor, au temps d'Abraham.

Il en restait encore quelques-uns à l'arrivée des Israélites. Le géant Og, roi de Basan, descendait des Raphaïtes.

Quelques auteurs ont pensé que les Raphaïtes de Basan étaient de la même race que les Énacim, appelés quelquefois par l'Écriture Raphaïtes ou Raphaïm.

6° Les ZUZITES ou ZUZIM (forts) étaient un autre peuple de géants, qui était allié aux Raphaïtes, lorsque ceux-ci furent vaincus par Chodorlaho-mor. Ils habitaient au delà du Jourdain, probablement auprès de Bosra ; car, au temps de Constantin, un évêque des Zuzumes, suffragant de Bosra, assistait au concile de Nicée. Quelques auteurs les confondent avec les Zonzommim.

7° Les ZONZOMMIM (scélérats) étaient un peuple grand et nombreux, et d'une taille fort haute, comme les Énacim. Ils habitaient au delà du Jourdain, et furent exterminés par les Ammonites, qui s'emparèrent de leur pays.

8° Les ÉMIM ou ÉMITES (terribles) occupaient le pays à l'est de la mer Morte ; ils en furent chassés par les Moabites. C'était un peuple puissant et d'une si haute taille, qu'on les croyait de la race d'Énac, comme les géants. Ils furent au nombre de ceux que vainquit Chodorlahomor.

9° Les AMMONITES étaient issus d'*Ammon*, fils de Loth. Ils s'établirent d'abord à l'orient du Jourdain, dans une contrée qu'ils enlevèrent aux Zonzommim.

Chassés ensuite par les Amorrhéens, ils se retirèrent à l'est, et défendirent longtemps leur nouveau pays contre les Israélites. David les soumit à sa domination ; dans la suite, ils recouvrèrent leur indépendance, et ne perdirent leur nom qu'au deuxième siècle après Jésus-Christ. Les Ammonites adoraient principalement le dieu Moloch, à qui ils sacrifiaient des enfants. Leur principale ville était *Rabba* ou *Rabbath-Ammon*.

10° Les MOABITES descendaient de Moab, fils de Loth. Ils habitèrent primitivement près des Ammonites, à l'orient de la mer Morte et de l'embouchure du Jourdain, dans un pays qu'ils avaient enlevé aux Émim. Les Amorrhéens les refoulèrent au sud de l'Arnon.

Lorsque les Israélites vinrent s'établir dans la Terre Promise, les Moabites ne purent les arrêter; mais ils conservèrent leur territoire, et mirent même les Israélites sous le joug pendant dix-sept ans, après la mort de Josué. Ils furent domptés par David, et restèrent ensuite quelque temps sous la domination des rois d'Israël. Puis ils recouvrèrent leur indépendance, après la mort d'Achab, et s'attirèrent les malédictions et les menaces des prophètes par leur haine contre les Israélites, et parce qu'ils s'adonnaient au culte du dieu Chamos. Ils furent enfin assujettis par les Assyriens. *Rabbath-Moab*, appelée aussi *Ar* ou *Aréopolis*, était la capitale des Moabites. Les murailles de cette ville furent renversées en une nuit par un tremblement de terre, l'an 365 après Jésus-Christ.

11° Les Ismaélites descendaient d'Ismaël, fils d'Abraham et d'Agar. Cette nation était composée de douze tribus, qui tiraient leurs noms des douze fils d'Ismaël : Nabaïoth, Cédar, Adbéel, Mabsam, Masma, Duma, Massa, Hadar, Théma, Jéthur, Naphis et Cedma. On les confond quelquefois avec les Madianites. Le nom de *Cédar* paraît s'étendre à toute l'Arabie, au temps d'Ézéchiel.

Les Ismaélites vivaient sous des tentes et s'adonnaient au commerce. Ils habitèrent d'abord dans le désert de Pharan, et puis ils se répandirent dans tout le nord de l'Arabie.

12° Les MADIANITES étaient issus de Madian, fils d'Abraham et de Cétura; ils se fixèrent d'abord à l'est de la mer Morte. Ils s'étendirent ensuite vers le sud. Une de leurs colonies s'établit dans les environs du mont Horeb : ce fut là que Moïse épousa Séphora, fille de leur grand prêtre Jéthro. Les Madianites se livraient au commerce et à l'éducation des troupeaux. Ils adoraient des idoles. Ils tentèrent d'arrêter les Israélites qui s'avançaient vers la Terre Promise. Ils furent alors vaincus par Phinéès, lieutenant de Moïse, qui en fit un grand carnage, et leur enleva d'immenses richesses en or et en troupeaux. Ils se relevèrent bientôt après, et tinrent même les Hébreux sous le joug pendant sept ans.

Gédéon vainquit les Madianites dans les plaines de Jezraël, l'an 1245 avant Jésus-Christ. Depuis lors, ils ne furent plus une nation redoutable.

Les Madianites possédaient deux villes appelées *Madian;* l'une était située à quelque distance de la mer Morte, au milieu du pays occupé par les

Moabites ; l'autre, près du golfe Élanitique, était la résidence de Jéthro.

13° Les Horréens habitaient près et au sud de la Terre de Chanaan, dans les montagnes de Séir. Ils demeuraient dans les antres des rochers. Ils furent chassés ou exterminés par les descendants d'Ésaü.

14° Les Iduméens ou Édomites descendaient d'Ésaü, appelé aussi Édom ou Rouge. Ils s'établirent d'abord dans le pays des Horréens, et s'étendirent ensuite dans toute l'Arabie Pétrée, et dans les pays voisins. Les Iduméens fermèrent l'entrée de leur pays à Moïse ; mais ils furent assujettis par David, qui devint ainsi maître d'*Élath* et d'*Asiongaber*, ports importants sur la mer Rouge. Ils recouvrèrent leur liberté sous Joram, roi de Juda, et acquirent une grande puissance. Jean Hyrcan les réduisit de nouveau, et leur pays fut incorporé au royaume de Judée. Des rois iduméens régnèrent sur les Juifs : les Hérode étaient de cette nation.

15° Les Amalécites étaient issus d'Amalec, petit-fils d'Ésaü ; ils s'établirent dans l'Arabie Pétrée, vers l'Égypte. Josué les défit à *Raphidim*, près du mont Horeb, où ils avaient tenté d'arrêter la marche du peuple de Dieu.

1..

Ils se montrèrent encore longtemps ennemis des Israélites, et furent vaincus par Gédéon, par Saül, et enfin par David qui parvint à les dompter.

16° Les NABATHÉENS étaient issus, selon les uns, de Nabaïoth, fils d'Ismaël; selon d'autres, de Nabath, petit-fils d'Ésaü. Cette tribu devint si puissante, que l'on comprit plus tard, sous le nom de Nabathéens, les peuples qui avaient été appelés auparavant Édomites, Amalécites, Madianites, Moabites et Ammonites. Leur domination s'étendit depuis l'Euphrate jusqu'à la mer Rouge. Ce n'est que dans le deuxième siècle avant Jésus-Christ que l'Écriture commence à parler des Nabathéens. Ils étaient d'abord alliés des Israélites, dont ils devinrent bientôt les ennemis. Les Romains les vainquirent, mais ne purent les assujettir entièrement : on les a confondus plus tard avec les Sarrasins. La célèbre ville de *Pétra* leur appartenait.

Les autres peuples de SYRIE et d'ARABIE, avant l'arrivée des Israélites, ne nous sont connus que par ce que l'Écriture rapporte de la dispersion des enfants de Noé et de l'origine des peuples.

L'ÉGYPTE, une des contrées les plus anciennement civilisées, formait déjà, au temps d'Abraham, un empire puissant et riche; l'Écriture l'appelle *Mesraïm*.

11.

Villes royales de la Terre de Chanaan.

L'Écriture nomme trente et une villes royales à l'ouest du Jourdain, qui furent conquises par Josué; ces villes étaient :

1° Au nord, Madon, Azor, Cédès ou Cadès, Aphec, Achsaph, Sémeron, Jachanan du Carmel;

2° Au milieu, Dora, Mageddo, Galgal, Thénac, Thirsa, Saron, Haï, Gader, Gazer, Béthel, Jéricho;

3° Au sud, Jébus ou Jérusalem, Opher, Jérimoth, Odullam ou Odollam, Macéda, Lébna, Lachis, Églon, Taphua, Hébron, Dabir, Horma ou Herma, Arad ou Héred.

Il y avait en outre cinq chefs-lieux de satrapie des Philistins : Geth ou Gath, Accaron, Azot, Ascalon et Gaza; et trois villes royales à l'est du Jourdain, qui furent conquises par Moïse, savoir : Hésébon, Astaroth et Édraï.

CHAPITRE V.

12.

ROUTE DES ISRAÉLITES DANS LE DÉSERT.

Lorsque Moïse eut enfin obtenu de Pharaon la permission de s'éloigner avec les Israélites, ils partirent de Ramessès, ville de la Terre de Gessen, et suivirent, à travers le désert, une route dont nous allons indiquer les principales stations d'après le livre des Nombres.

1° Ils allèrent camper à *Socoth.* 2° De Socoth, ils vinrent à *Étham*, à l'extrémité du désert. 3° Étant sortis de là, ils arrivèrent vis-à-vis de *Phihahiroth*, près de Béelséphon et de Magdal. Ce fut là que l'armée de Pharaon atteignit les Israélites ; Dieu les sauva en leur ouvrant un passage dans la mer Rouge, qu'ils traversèrent à pied sec.

4° Après avoir passé la mer, ils entrèrent dans le désert, et ayant marché trois jours par le désert d'Étham ou de Sur, ils campèrent à *Mara*, lieu ainsi appelé, parce que les eaux étaient amères, et qu'on ne pouvait les boire. Alors le peuple murmura contre Moïse, en disant : Que boirons-nous ? Mais le Seigneur montra à Moïse un certain bois que celui-ci jeta dans les eaux; et les eaux, d'amères qu'elles étaient, devinrent douces.

5° De Mara, ils vinrent à *Élim*, où il y avait douze fontaines et soixante-dix palmiers. 6° De là, ils allèrent dresser leurs tentes *près de la mer Rouge*. 7° Ensuite ils campèrent dans le désert de *Sin*, où les Israélites murmurèrent contre Moïse et Aaron, parce qu'ils craignaient de mourir de faim : mais le Seigneur fit arriver au milieu d'eux un grand nombre de cailles, qui couvrirent tout le camp et dont les Israélites se rassasièrent. Ce fut aussi en ce lieu que Dieu commença à leur envoyer la manne, dont ils se nourrirent pendant quarante ans qu'ils restèrent dans le désert.

8° De Sin, ils vinrent à *Daphca*. 9° De Daphca, ils allèrent camper à *Alus*. 10° Étant sortis d'Alus, ils vinrent dresser leurs tentes à *Raphidim*, où le peuple ne trouva point d'eau pour boire; mais Moïse fit sortir de l'eau de la pierre d'Horeb, en la frappant avec sa verge, ainsi que Dieu le lui avait ordonné. Josué, lieutenant de Moïse, vainquit à Raphidim les Amalécites, qui avaient attaqué les Hébreux.

11º De Raphidim, ils allèrent camper au pied du mont *Sinaï*. Ce fut sur cette montagne que Dieu donna sa loi à Moïse. Ce fut là aussi que Moïse, par l'ordre de Dieu, fit construire le tabernacle, l'arche d'alliance, la table des pains, le chandelier d'or, l'autel des holocaustes, et différents vases consacrés au culte du Seigneur.

Pendant que Dieu donnait sa loi à Moïse sur le mont Sinaï, les Israélites forcèrent Aaron à leur faire un veau d'or, qu'ils voulaient adorer. Pour les punir de ce crime, Moïse arma les enfants de Lévi, qui tuèrent vingt-trois mille des coupables. Aaron fut consacré grand prêtre en ce lieu par l'onction sainte. Ses deux fils, Nadab et Abiu, ayant mis un feu étranger dans leurs encensoirs, furent dévorés par le feu du Seigneur. Avant de quitter le désert de Sinaï, Moïse fit le dénombrement des Israélites; il s'y trouva en tout six cent trois mille cinq cents hommes, âgés de plus de vingt ans, et pouvant aller à la guerre, sans compter les Lévites.

Dieu prescrivit aussi à Moïse l'ordre que les Israélites devaient garder dans leurs marches et dans leurs campements à travers le désert.

Le tabernacle était placé au milieu du camp; les Lévites dressaient leurs tentes tout autour: Moïse et Aaron étaient à l'orient du tabernacle;

les Gersonites, ou descendants de Gerson, étaient à l'occident; les Caathites, ou descendants de Caath, campaient vers le midi; les Mérarites, ou enfants de Mérari, campaient au nord.

Les douze tribus d'Israël étaient rangées autour des Lévites, trois tribus de chaque côté du camp. Juda, Issachar, Zabulon, étaient à l'orient; Ruben, Siméon et Gad du côté du midi; Éphraïm, Manassé, Benjamin, du côté de l'occident; Dan, Aser, Nephtali, du côté du nord.

12° Les Israélites, étant partis du désert de Sinaï, vinrent au lieu appelé *les Sépulcres de concupiscence*, ainsi nommé, parce qu'on y ensevelit un grand nombre d'Israélites qui avaient murmuré contre le Seigneur en demandant de la chair. Sur la route du Sinaï aux Sépulcres de concupiscence était un autre lieu, qui fut appelé *Tabéra* ou l'*Embrasement*, parce que le feu du Seigneur s'y alluma et dévora tout ce qui était à l'extrémité du camp, après que le peuple se fut laissé emporter à des murmures contre le Seigneur, se plaignant de la fatigue qu'il endurait.

13° Des Sépulcres de concupiscence, ils allèrent camper à *Haseroth*, où Marie, pour avoir parlé contre son frère Moïse, fut frappée de la lèpre, et guérie sept jours après, à la prière de celui-ci.

14° D'Haseroth, les Israélites vinrent dans le désert de Pharan près de *Cadès-Barné* ; là, Moïse choisit un homme par tribu, et les envoya tous les douze explorer la Terre Promise. Ces hommes revinrent quarante jours après, et dépeignirent les habitants de Chanaan comme des hommes très-forts, que les Israélites ne pourraient même pas combattre.

Les Israélites ayant murmuré de nouveau, le Seigneur déclara qu'aucun d'eux n'entrerait dans la Terre Promise, à l'exception de Caleb et de Josué, qui s'étaient trouvés parmi les douze espions, et qui seuls avaient exhorté le peuple à marcher contre les habitants de la Terre de Chanaan. Les Israélites ayant ensuite voulu attaquer les Chananéens et les Amalécites, malgré la défense de Moïse, furent vaincus par eux.

15° De Cadès-Barné, ils allèrent camper à *Rethma* ; 16° de Rethma à *Remnonpharès* ; 17° de Remnonpharès à *Lebna* ; 18° de Lebna à *Ressa* ; 19° de Ressa à *Céélatha* ; 20° de Céélatha au mont de *Sépher* ; 21° du mont de Sépher à *Arada* ; 22° d'Arada à *Macéloth* ; 23° de Macéloth à *Thahath* ; 24° de Thahath à *Tharé* ; 25° de Tharé à *Methca* ; 26° de Methca à *Hesmona* ; 27° de Hesmona à *Moséroth* ; 28° de Moséroth à *Béné-*

Jaacan; 29° de Béné-Jaacan au mont *Gadgad;* 30° du mont Gadgad à *Jétébatha;* 31° de Jétébatha à *Hébrona;* 32° d'Hébrona à *Asiongaber;* 33° d'Asiongaber à *Cadès,* au désert de Sin. Marie, sœur de Moïse, mourut dans ce lieu. Le peuple manquant d'eau, Moïse en fit sortir en abondance d'une pierre qu'il frappa de sa verge. Moïse et Aaron ayant douté en cette circonstance de la protection du Seigneur, Dieu ne voulut pas qu'ils entrassent avec le peuple dans la Terre Promise. Ce lieu fut appelé *les Eaux de contradiction.*

34° Le roi d'Édom ayant refusé de laisser passer les Israélites sur ses terres, ceux-ci quittèrent Cadès, et vinrent camper au *mont Hor,* à l'extrémité du pays d'Édom.

Aaron mourut sur la montagne de Hor. Arad, roi des Chananéens, vint attaquer les Israélites en ce lieu, et les vainquit; mais, dans un deuxième combat, Dieu accorda la victoire aux Israélites, qui passèrent au fil de l'épée les sujets d'Arad, et détruisirent leurs villes.

35° De la montagne de Hor, les Israélites allèrent camper à *Salmona.* 36° De Salmona, ils vinrent à *Phunon,* où Moïse fit élever un serpent d'airain pour délivrer le peuple des serpents brûlants que Dieu avait envoyés au milieu d'eux en punition de leurs murmures. 37° De Phunon, ils portèrent leurs tentes à *Oboth*.

38° D'Oboth, ils vinrent à *Gié-Abarim*, sur la frontière des Moabites. 39° Ils passèrent ensuite le torrent de Zared, et allèrent camper à *Dibon-gad* ; 40° de Dibongad à *Hélmon-Diblathaïm* ou *Déblathaïm* ; 41° de Helmon-Diblathaïm, ils vinrent aux *monts d'Abarim*, vis-à-vis de Nébo. 42° En quittant les monts Abarim, ils passèrent par Mathana, Nahaliel, Bamoth-Baal, et allèrent camper dans les plaines des Moabites, depuis Beth-Simoth, jusqu'à *Abel-Sitim*.

A Settim ou Abel-Sitim, le peuple se laissa entraîner au culte de Béelphégor par les filles de Moab. Moïse, par l'ordre de Dieu, ordonna aux juges d'Israël que chacun fît mourir ceux de ses proches qui s'étaient consacrés à ce culte impie. Le nombre de ceux qui périrent en cette occasion fut de vingt-quatre mille. Phinéès, petit-fils d'Aaron, se signala par son zèle contre les coupables. Dieu, pour le récompenser, donna le sacerdoce à perpétuité à lui et à sa race.

13.

Moïse, après avoir conquis les pays à l'orient du Jourdain, et les avoir donnés aux tribus de

Ruben, de Gad et à une demi-tribu de Manassé, mourut sur le mont Nébo. Josué, qui lui succéda, conduisit le peuple dans la Terre de Chanaan, dont il fit la conquête, et qu'il partagea entre les autres tribus.

Les Israélites n'exécutèrent pas entièrement l'ordre que le Seigneur leur avait donné d'exterminer les peuples de Chanaan. Plusieurs de ces anciennes nations restèrent parmi eux; les unes leur furent assujetties dès le temps de Josué; d'autres maintinrent longtemps leur indépendance, et furent les instruments que Dieu employa souvent pour châtier son peuple et le ramener de ses égarements.

Les Sidoniens et les Philistins ne furent jamais assujettis.

CHAPITRE VI.

14.

VILLES DE CHAQUE TRIBU.

Voici la liste des villes que l'Écriture attribue à chaque tribu au moment du partage fait par Moïse et par Josué :

1° Tribu de Nephtali.

Assedim,
Sér,
Émath,
Reccath,
Cénéreth ou Cénéroth,
Édéma,
Arama,
Azor,

Cédès,
Édraï,
En-hasor,
Jéron,
Magdal-el,
Horem,
Béthanath,
Béthsamès..

2° Tribu d'Aser.

Helcath,
Chali,
Béten,
Achsaph,
Elmélech,
Amaad,
Masal ou Messal,
Sihor,

Labanath,
Beth-Dagon,
Beth-Émec,
Néhiel,
Cabul ou Chabul,
Abdon ou Abran,
Rohob,
Hamon,

Cana,
Horma,
Hosa,
Achziba ou Achazib,
Amma,
Aphec,

Sidon, Tyr et Acco, villes des Sidoniens, étaient comprises dans les limites assignées à la tribu d'Aser.

3° Tribu de Zabulon.

Mérala,
Debbaseth,
Jecnam, Jéconam ou Jachanan du Carmel,
Sared ou Sarid,
Céseleth-Thabor,
Japhié ou Japha,
Geth-Hépher,
Thacasin,

Damna ou Remmon,
Amthar,
Noa,
Hanathon,
Cartha ou Cateth,
Naalol,
Sémeron,
Jédala,
Bethléhem.

4° Tribu d'Issachar.

Jezraël,
Casaloth,
Sunam ou Sunem,
Hapharaïm,
Séon,
Anaharath,
Rabboth,
Césion,

Abès,
Rameth,
Engannim,
Enhadda,
Bethphésès.
Thabor,
Séhésima,
Bethsamès.

5° Demi-tribu de Manassé, à l'occident du Jourdain.

Bethsan,
Gethremmon ou Jéblaam,
Dora ou Dor,
Endor,

Thénac,
Mageddo,
La troisième partie de la ville de Nopheth.

6° Tribu d'Éphraïm.

Béthoron-la-haute,
Gazer,
Ataroth-addar,
Machméthath,
Thanath-Sélo,
Janoé,

Ataroth,
Naaratha,
Taphua,
Thamnath-Saré ou Sa-
raa.

7° Tribu de Dan.

Saraa,
Esthaol,
Hir-Sémès,
Salébim ou Sélébin,
Aïalon,
Jéthéla,
Élon,
Thamna,
Accaron ou Acrón,
Elthéco ou Elthécé,
Gabathon ou Gebbéthon,

Balaath,
Jud,
Bané,
Barach,
Gethremmon;
Méjarcon,
Arécon,
Dan, appelée aupara-
vant Lescem ou Laïs,
enclavée dans les limi-
tes de Nephtali.

8° Tribu de Benjamin.

Jéricho,
Beth-hagla,
Casis,
Beth-araba,
Samaraïm,
Béthel,
Avim,
Aphara,
Ophéra,
Émona,
Ophni,
Gabaa ou Gabée,
Gabaon,

Rama,
Béroth,
Maspha ou Mesphé,
Caphara ou Caphira,
Amosa,
Récem,
Jaréphel,
Tharéla,
Séla,
Éleph,
Jébus ou Jérusalem,
Gabaath,
Cariath.

9° Tribu de Juda.

Cabséel,
Éder,
Jagur,
Cina,
Dimona,
Adada,
Cadès,
Asor,
Jethnam,
Ziph,
Télem,
Baloth,
Asor la Nouvelle,
Carioth-Hesron ou Asor,
Amam,
Sama,
Molada,
Aser-gadda,
Asémona ou Hassemon,
Bethphélet,
Hazersual,
Bersabée,
Baziothia,
Baala,
Iim,
Ésem,
Eltholad,
Béthul ou Césil,
Harma ou Horma,
Sicéleg,
Médéména,
Sensenna,
Lébaoth,

Sélim,
Aën ou Aïn,
Remmon,
Estaol,
Saréa,
Aséna,
Zanoé ou Zanoa dans la
  plaine,
Engannim,
Taphua,
Énaïm,
Jérimoth,
Odullam-Socho ou Adul-
  lam-Socho.
Azéca,
Saraïm,
Adithaïm,
Gédéra,
Gédérothaïm,
Sanan,
Hadassa,
Magdal-Gad,
Déléan,
Masépha,
Jecthel,
Lachis,
Bascath,
Églon,
Chebbon,
Léhéman,
Cethlis,
Gidéroth,
Beth-Dagon,

Naama,
Macéda,
Lebna ou Labana,
Éther,
Asan,
Jephta,
Esna,
Nésib,
Céila,
Achzib,
Marésa,
Accarron,
Azot,
Gaza,
Samir,
Jéther,
Socoth,
Danna,
Dabir ou Cariath-Senna,
Anab,
Estémo ou Istémo,
Anim,
Gosen,
Olon,
Gilo,
Arab,
Ruma,
Ésaan,
Janum,
Beth-thaphua,

Aphéca,
Athmatha,
Cariath-Arbé ou Hébron,
Sior,
Maon,
Carmel,
Ziph,
Jota ou Jéta,
Jezraël,
Jucadam,
Zanoé ou Zanoa.
Accaïn,
Gabaa,
Thamna,
Halhul,
Bethsur,
Gédor,
Mareth,
Béthanoth,
Eltécon,
Cariathiarim ou Cariath-
  Baal,
Arebba,
Beth-araba,
Meddin,
Sachacha,
Nebsan,
Hir-Mélach,
Engaddi.

Nota. Plusieurs de ces villes furent détachées du partage de Juda, et données à la tribu de Siméon.

10° Tribu de Siméon.

Bersabée ou Sabée,
Molada,
Hazersual,
Bala ou Baala,
Ésem ou Asem,
Eltholad,
Béthul ou Césil,
Horma ou Harma,
Sicéleg,

Beth - Marchaboth ou
  Médéména,
Hasersusa ou Sensenna,
Beth-lébaoth,
Sarohen ou Saraïm,
Aïn ou Aën,
Remmon,
Athar ou Éther,
Asan,
Baalath-Béer-Ramath.

11° Demi-tribu de Manassé à l'orient du Jourdain.

Astaroth,
Édraï,
Canath-Nobé ou Cana-
  tha,

Et plusieurs autres villes
  appelées Havoth-Jaïr,
  c'est-à-dire bourgs de
  Jaïr.

12° Tribu de Gad.

Jazer,
Dibon,
Ataroth,
Aroër vis-à-vis Rabba,
Ramoth,
Masphé ou Maspha,
Béthonim,
Mahanaïm.

Dabir,
Étroth,
Sophan ou Saphon,
Jegbaa,
Bethnemra,
Bétharam,
Socoth.

13° Tribu de Ruben.

Aroër, sur les bords du
  torrent d'Arnon,
Hésebon,
Éléalé,

Nabo ou Nébo,
Dibon,
Bamoth-Baal,
Baalméon,

Iassa ou Jaser, Sarath-Asar,
Jethson ou Cédimoth, Bethphogor,
Méphaath, Asedoth-Phasga,
Cariathaïm, Bethsimoth ou Bethjési-
Sabama, moth.

15.

Cette liste des villes de chaque tribu est ti-
rée principalement du livre de Josué; nous nous
sommes servis du livre des Nombres et du Deu-
téronome pour compléter celle des villes de Ruben, de Gad, et de la demi-tribu orientale de
Manassé, et du livre des Paralipomènes pour la
tribu de Siméon.

Quelques-unes de ces villes étaient enclavées
dans le territoire de tribus autres que celle à laquelle elles appartenaient; d'autres changèrent de
maîtres; quelques-unes même furent plusieurs fois
conquises et perdues par les Israélites et par les
peuples voisins.

Ainsi Dan, occupée par une colonie de Danites,
était située dans le territoire de Nephtali; Hésebon, que Moïse avait donnée à la tribu de Ruben,
appartenait déjà à celle de Gad, lorsque Josué la
comprit dans les villes qui furent données aux
Lévites; Bosra, autre ville lévitique, appartint à

différentes époques aux Israélites, aux Moabites, aux Iduméens et aux Syriens.

Plusieurs villes occupées par les Phéniciens ou par les Philistins ne tombèrent jamais au pouvoir des Israélites.

Jacob avait eu douze fils : les descendants de Joseph formaient deux tribus, celle d'Éphraïm et celle de Manassé ; ce qui portait à treize le nombre des tribus d'Israël : mais celle de Lévi en fut en quelque sorte détachée, lorsque Dieu la consacra spécialement au sacerdoce. Le nombre des tribus qui se partagèrent la terre de Chanaan fut ainsi réduit à douze.

CHAPITRE VII.

16.

VILLES LÉVITIQUES.

La tribu de Lévi ne reçut aucune province en partage. On lui donna quarante-huit villes des différentes tribus.

Ces villes étaient, en suivant l'ordre géographique :

1° Dans la tribu de Nephtali, Cédès en Galilée, Hammoth-Dor, Carthan ;

2° Dans la tribu d'Aser, Rohob, Abdon, Helcath, Masal ;

3° Dans la tribu de Zabulon, Naalol, Damna, Cartha, Jecnam ou Jachanan du Carmel ;

4° Dans la tribu d'Issachar, Dabéreth, Engannim, Césion, Jaramoth ;

5° Dans la demi-tribu occidentale de Manassé, Gethremmon ou Jéblaam, Thénac ;

6° Dans la tribu d'Éphraïm, Sichem, Cibsaïm, Gazer, Béthoron ;

7° Dans la tribu de Dan, Elthéco ou Elthécé, Gethremmon, Aïalon, Gabathon ;

8° Dans la tribu de Benjamin, Gabaon, Gabaa, Anathoth, Almon ;

9° Dans les tribus de Juda et de Siméon, Hébron, Bethsamès, Lebna, Estémo, Aïn ou Aën, Jéta, Dabir, Olon et Jéther ;

10° Dans la demi-tribu orientale de Manassé, Gaulon, Bosra ;

11° Dans la tribu de Gad, Ramoth de Galaad, Mahanaïm, Jazer, Hésebon ;

12° Dans la tribu de Ruben, Bosor, Iassa ou Jaser, Jethson. Méphaath.

17.

VILLES DE RÉFUGE.

Six de ces villes lévitiques furent désignées comme lieux de refuge pour les hommes coupables d'un meurtre involontaire. Ces villes étaient, à l'occident du Jourdain : Cédès, dans la tribu de Nephtali ; Sichem, dans la tribu d'Éphraïm ; Hébron, dans la tribu de Juda.

A l'orient du Jourdain : Bosor, dans la tribu de Ruben ; Ramoth de Galaad, dans la tribu de Gad ; Gaulon en Basan, dans la demi-tribu de Manassé.

CHAPITRE VIII.

18.

POSSESSIONS DES ISRAÉLITES SOUS DAVID ET SOUS SALOMON.

David, deuxième roi des Israélites, soumit à sa domination tous les habitants de la Terre de Chanaan, excepté les Sidoniens, qui restèrent ses alliés et ceux de son successeur, et les Philistins, qui furent plusieurs fois vaincus, mais qui ne paraissent pas avoir jamais été entièrement soumis. Il conquit aussi toute l'Idumée, la Syrie de Damas et de Soba, et tout le pays à l'orient du Jourdain et de la mer Morte, jusqu'à l'Euphrate. La Syrie de Damas fut occupée, vers la fin du règne de David, par le Syrien Razon, qui y fonda un nouveau royaume de Syrie.

Salomon régna pendant quarante ans sur tous les États que lui avait laissés son père David, c'est-à-dire, depuis l'Euphrate jusqu'au pays des Philistins et à la frontière d'Égypte.

19.

ROYAUMES DE JUDA ET D'ISRAËL.

Après la mort de Salomon, son empire fut démembré. Les deux tribus de Juda et de Benjamin restèrent fidèles à son fils, et formèrent un État appelé *royaume de Juda;* les dix autres tribus formèrent le *royaume d'Israël*, dont la capitale fut d'abord Thirsa, puis Samarie. La plupart des peuples étrangers recouvrèrent leur indépendance.

Le royaume d'Israël, après avoir subsisté deux cent cinquante-trois ans, fut détruit par Salmanazar, roi d'Assyrie, qui emmena les dix tribus en captivité, et les dispersa tellement dans ses États, que les historiens n'ont pu en retrouver les traces.

Le royaume de Juda subsista environ cent vingt ans de plus; mais en 606 avant Jésus-Christ, Nabuchodonosor prit Jérusalem, la détruisit et emmena tous les habitants à Babylone

CHAPITRE IX.

20.

PALESTINE APRÈS LE RETOUR DE LA CAPTIVITÉ.

Après le retour de la captivité de Babylone, il resta peu de traces de la division par tribus. L'ancien pays des Israélites, que les Romains appelèrent *Palestine,* et auquel on donne quelquefois le nom de *Judée,* fut partagé en quatre grandes parties :

1° Au nord, la *Galilée* comprenait les anciens territoires de Nephtali, d'Aser, de Zabulon, d'Issachar. La partie méridionale était appelée *Galilée inférieure;* l'autre, *Galilée supérieure* ou *des Gentils,* parce qu'elle renfermait beaucoup de païens;

2° Au milieu, la *Samarie* contenait les territoires d'Éphraïm et de la demi-tribu occidentale de Manassé;

3° Au sud, la *Judée* renfermait ceux de Dan, de Benjamin, de Juda, de Siméon et le pays des Philistins;

4° A l'orient du Jourdain, la *Pérée* comprenait

les territoires de la demi-tribu orientale de Manassé et des tribus de Gad et de Ruben.

21.

Les Juifs (on appela ainsi les Israélites après le retour de la captivité) rebâtirent Jérusalem, et s'établirent en même temps dans quelques autres villes de la Judée. Leur domination ne s'étendit guère au delà des limites de cette province jusqu'au temps d'Hérode, qui reçut d'Auguste la possession de la Samarie, de la Galilée, de la Pérée et de l'Idumée. Cependant on avait toujours trouvé beaucoup de Juifs dans ces diverses provinces. Un grand nombre de familles y étaient restées pendant la captivité; d'autres y étaient revenues au temps d'Esdras et de Néhémie. Les Juifs se trouvent aussi, dès cette époque, répandus pour les intérêts de leur commerce dans toutes les contrées connues. A leur arrivée dans la Terre Promise, ils étaient pasteurs; après la conquête du pays, ils se formèrent insensiblement à l'agriculture. Le voisinage des Phéniciens et des Ismaélites dut leur inspirer le goût du commerce. Ils devinrent, comme eux, les facteurs de l'Orient et de l'Occident. Ils étaient en grand nombre dans l'Égypte, en Syrie, en Grèce, à Rome, etc.; ils formaient des tribus et même des nations entières en Arabie et dans quelques cantons de l'Afrique.

22.

Les Juifs, après le retour de la captivité, restèrent longtemps assujettis aux rois de Perse, puis aux rois de Syrie, successeurs d'Alexandre le Grand. Affranchis par les Machabées, ils eurent, pendant quelque temps, des souverains de cette famille, avant de tomber sous la domination d'Hérode, prince iduméen.

En l'an 6 de l'ère chrétienne, la Judée et la Samarie furent réunies à la province romaine de Syrie. La Galilée eut encore, pendant quelques années, un souverain particulier. En l'an 70, Titus prit Jérusalem et la détruisit entièrement. Les Juifs, dispersés ou emmenés en esclavage par Titus, n'ont jamais pu, depuis cette époque, se former en corps de nation.

23.

PALESTINE SOUS LES ROMAINS.

Les Romains, maîtres de toute la Palestine, la partagèrent en trois provinces, savoir : au sud, *la Palestine première* ou *consulaire,* dont Césarée fut la métropole ; au nord, *la Palestine deuxième* ou *présidiale*, métropole Bethsan ou Scythopolis ; au sud - est, *la Palestine troisième*, comprenant l'ancien pays des Moabites et une partie de l'Idumée. Pétra fut la métropole de cette province qui n'appartenait pas à l'ancienne Palestine.

* Une grande partie de la Pérée forma une province appelée *Arabie consulaire*, dont la métropole fut Bosra.

La Galilée supérieure fut jointe à la Phénicie.

DEUXIÈME PARTIE.

DESCRIPTION DE LA PALESTINE.

CHAPITRE PREMIER.

24.

BORNES, ASPECT DU PAYS ET PRODUCTIONS.

La Palestine était bornée au nord par la Syrie, à l'est par l'Arabie Déserte, au sud par l'Idumée, à l'ouest par la mer Intérieure ou Grande Mer.

La Palestine est en grande partie couverte de montagnes; on y remarquait beaucoup de cavernes, qui paraissent avoir servi de demeures aux anciens habitants, et qui sont encore occupées par les Arabes les plus sauvages.

Quelques parties de cette contrée semblent avoir été toujours stériles. Le voisinage de la mer Morte est tout à fait aride. Il ne faut pas croire cepen-

dant que tous les lieux que l'Écriture appelle déserts fussent inhabités ; ce nom est souvent donné
dans les livres saints à des terrains fertiles, mais
probablement réservés pour les pâturages et dé-
pourvus d'habitations fixes.

La plus grande partie de la Palestine était d'une
fécondité étonnante , augmentée encore par le
soin que les Hébreux donnaient à l'agriculture.
Ils ne laissaient reposer leurs champs qu'une année
sur sept ; ils recueillaient en abondance du blé, du
vin, de l'huile , du miel, du baume, des fruits
exquis , et nourrissaient de nombreux troupeaux.

CHAPITRE II.

MONTAGNES, LACS ET FLEUVES.

25.

Montagnes.

Une chaîne de montagnes, prolongement de l'Anti-Liban, traverse la Palestine du nord au sud. On y remarquait :

1° Le mont *Hermon* (Djébel-el-chech), qu'on appelle quelquefois *mont Sion*, et que les Phéniciens nommaient *Sarion* et les Amorrhéens *Sanir*. Il s'étendait depuis l'Anti-Liban jusqu'au mont Thabor, à l'ouest, et jusqu'aux monts Galaad, à l'est. Il formait, au nord, la limite des États d'Og, roi de Basan.

On y trouvait les montagnes les plus élevées de la Palestine, et surnommées, par cette raison, *montagnes de neige.* Les Phéniciens en tiraient beaucoup de cèdres et de sapins pour la construction de leurs vaisseaux. L'Écriture dit qu'elles servaient autrefois de retraite aux lions et aux léopards, animaux qui ne se trouvent plus aujourd'hui dans ce pays.

2ᵈ Le mont *Thabor* ou *Tabor*, dans le territoire de Zabulon, où l'on croit que s'accomplit la transfiguration de Jésus-Christ. C'était sur cette montagne que Barac était campé avec dix mille hommes, avant le moment où, encouragé par la prophétesse Débora, il attaqua et détruisit l'armée de Sisara, près du torrent de Cison.

3ᵉ Les monts *Carmel*, qui se terminaient par un cap de même nom, étaient couverts de bois, de gras pâturages et de champs fertiles, et percés d'innombrables grottes. On y montre encore celle où le prophète Élie se cacha pour fuir la persécution de Jézabel; plus haut, on trouve la grotte d'Élisée.

Dans les temps anciens, on y voyait déjà beaucoup d'ermites. L'ordre des Carmes y a pris naissance au treizième siècle : il fut fondé par saint Albert, patriarche de Jérusalem.

4° Les *montagnes d'Ephraïm* ou *d'Israël*, dans lesquelles on remarquait: 1° le mont *Gelboé*, où Saül fut vaincu par les Philistins et où il périt avec son fils Jonathas ; 2° les monts *Hébal* et *Gazirim*, près de Sichem. Six tribus des Israélites se placèrent sur la première de ces montagnes pour prononcer les malédictions ordonnées par Moïse, tandis que les six autres tribus, placées sur le

mont Garizim, prononçaient les bénédictions com-
mandées par le même législateur.

Josué fit élever sur le mont Garizim un autel de
pierre pour offrir à Dieu des actions de grâces. Quatre
siècles avant J. C., Manassès, fils de Jadus, ayant
été chassé de Jérusalem à cause de son mariage avec
une fille étrangère, se déclara grand prêtre d'un
temple que son beau-père fit élever pour lui sur le
mont Garizim. Les Samaritains préférèrent le nouveau temple à celui de Jérusalem ; ce fut la cause
du schisme qui s'éleva entre eux et les Juifs.

5° Les *montagnes de Juda* ou *des Amorrhéens.*
Les Amorrhéens s'y maintinrent longtemps contre
les Israélites.

6° Le mont *Carmel*, à l'est des montagnes de
Juda, qu'il ne faut pas confondre avec le mont
Carmel dont nous venons de parler. Saül y érigea
un monument après sa victoire sur les Amalécites ;
David s'y réfugia pendant quelque temps, lorsqu'il
était poursuivi par Saül. Nabal, dont la veuve
Abigaïl épousa David, avait ses biens et ses trou-
peaux sur ce mont Carmel.

7° La *montée du Scorpion*, qui séparait la Palestine de l'Arabie Pétrée. Elle faisait partie de
la limite assignée par Moïse aux Israélites.

Au sud de ces montagnes étaient, dans l'Idumée,

les monts de *Séir*, sur lesquels Ésaü s'établit.

D'autres montagnes s'étendaient à l'est du Jourdain ; on y remarquait :

1° Les montagnes de *Galaad,* qui produisaient
un baume renommé. Ce fut là que Laban atteignit
Jacob qui le fuyait, et qu'il se réconcilia avec lui.
Ces montagnes furent appelées Galaad, c'est-à-dire
Monceau du témoin, à cause d'un monceau de
pierres que Jacob et Laban y élevèrent comme
monument de leur réconciliation.

2° Les monts *Abarim*, où se trouvait le mont
Nébo, dont le sommet était appelé *Phasga ;* ce
fut sur le mont Nébo que Moïse monta pour voir
la Terre Promise, et qu'il mourut après avoir
joui de cette vue. Près du mont Nébo, dans la
même chaîne, était le mont *Phogor,* sur lequel les
Moabites adoraient l'idole de Phogor ou Béelphégor,
au culte de laquelle les Israélites s'abandonnèrent
pendant qu'ils étaient à Abel-Sittim.

Nota. Quelques auteurs donnent le nom de
Phasga à toute la chaîne des monts Abarim.

26.

Lacs.

Les lacs les plus remarquables de la Palestine étaient :

1°. Le lac *Samochonite* ou *eaux de Mérom* ou *Marom*, dans la Galilée, traversé par le Jourdain, et près duquel Josué vainquit les rois chananéens, Jabin, roi d'Azor, Jobab, roi de Madon, le roi de Séméron, et le roi d'Achsaph, ligués contre lui avec les Chananéens, les Amorrhéens, les Hétéens, les Phérézéens, les Jébuséens et les Hévéens.

2° Le *lac de Génézareth*, *Cénéroth* ou *Kinnéreth*, appelé aussi *mer de Galilée* ou *de Tibériade* (lac de Tabarié), entre la Galilée et la Batanée, traversé par le Jourdain, et près duquel Jésus-Christ fit plusieurs miracles. Une multitude de pêcheurs répandus sur ses rives y trouvaient leur existence; ce fut parmi eux que Jésus-Christ choisit ses premiers disciples Pierre, André, Jean et Jacques. Les bords du lac étaient très-fertiles; aujourd'hui même que le sol reste inculte, faute de bras, on y recueille encore le baume, si renommé chez les Romains, et qu'on appelle à présent baume de la Mecque.

3° Le *lac Asphaltite*, *mer Morte*, *mer du Désert* ou *mer Salée*, appelée par les Arabes mer de Loth, entre la Palestine et l'Arabie Pétrée.

Ce lac fut appelé *Asphaltite* à cause de la grande quantité d'asphalte ou bitume qu'on y recueille; *mer Salée*, parce qu'elle renferme beaucoup de sel ; *mer Morte*, parce que ses eaux n'ont d'autres mouvements sensibles que ceux qui leur sont imprimés par les vents, ou parce qu'on prétendait faussement que nul animal ne pouvait vivre sur ses bords ou dans ses eaux. On présume que c'est le même lac qui est appelé *Asphar* dans le livre des Machabées ; cependant, quelques géographes placent un lac d'Asphar à l'ouest de la mer Morte. Avant le temps d'Abraham et de Loth, les villes de Sodome, Séboïm, Adama, Gomorrhe et Ségor existaient, les unes sur le terrain même que le lac Asphaltite occupe aujourd'hui, les autres auprès de l'emplacement du lac, qu'on appelait alors *la vallée de Siddim* ou *des Bois: c'était un pays très-agréable, tout arrosé d'eau comme un jardin de délices, et semblable à l'Égypte arrosée par les eaux du Nil.* On donne souvent le nom de *Pentapole* à ce pays, à cause des cinq villes qui s'y trouvaient.

Les rois de ces cinq villes furent vaincus dans la vallée des Bois par Chodorlahomor, roi des Élamites, qui emmena Loth prisonnier : mais Abraham attaqua les vainqueurs près de Dan, leur enleva leur butin, et délivra son neveu Loth.

Les habitants de Sodome et de Gomorrhe ayant irrité le Seigneur, une pluie de soufre et de feu détruisit ces villes, tout le pays d'alentour, et *toutes les plantes de la terre*. Loth et ses filles furent seuls sauvés ; ils se réfugièrent dans la ville de Ségor, que Dieu épargna à cause d'eux. La mer Morte fut alors formée ou agrandie. S'il est vrai, comme des voyageurs récents l'assurent, que le niveau de cette mer est de beaucoup au-dessous de celui de la mer Méditerranée et de celui de la mer Rouge, la catastrophe qui la produisit dut être accompagnée d'un affaissement considérable du terrain, tel que ceux dont les géologues ont reconnu les traces en différents endroits du globe. Il paraît que les villes de la Pentapole furent rebâties dans le voisinage, après que leur ancien emplacement eût été recouvert par les flots.

Au sud de la mer Morte était la *vallée des Salines*, où David tailla en pièces dix-huit mille Iduméens, lorsqu'il revenait après avoir conquis la Syrie. Cette victoire le rendit maître de l'Idumée. Amasias, roi de Juda, y vainquit dix mille Iduméens.

4° On remarquait près de la ville de Jazer, dans la tribu de Gad, un petit lac appelé *mer de Jazer*.

27.

Fleuves.

Parmi les cours d'eau de la Palestine, bien peu méritent le nom de fleuves : les autres sont des ruisseaux insignifiants pendant la sécheresse ; mais, dans la saison des pluies, ils deviennent des torrents impétueux. Voici les principaux de ces cours d'eau :

1° Le fleuve *Léontès* (Kasmié), prenant sa source en Célésyrie, au nord d'Héliopolis , séparait, sur un petit espace, la Palestine de la Phénicie, et venait se jeter dans la Grande Mer , au nord de Tyr. La vallée que ce fleuve arrosait entre le Liban et l'Anti-Liban, est appelée, dans l'Écriture, *Entrée* ou *Passage d'Émath,* parce qu'elle conduisait à la grande ville d'Émath, en Syrie.

2° Le torrent de *Cison* (Kison) descendait du mont Thabor , et se jetait dans la Grande Mer, entre Ptolémaïs et le mont Carmel, en traversant la plaine d'Esdrelon.

Ce fut au bord du Cison que Barac et Débora, à la tête de dix mille hommes, vainquirent Sisara, général de Jabin, roi d'Azor, et taillèrent en pièces toute son armée, sans qu'il en restât un seul homme.

3º Le torrent de *Sorec* prenait sa source dans les monts de Juda, près de Jérusalem, et se jetait dans la Grande Mer au-dessous d'Ascalon. C'était dans la vallée du Sorec que demeurait Dalila, qui trompa Samson et le livra aux Philistins.

4º Le torrent de *Bésor* prenait sa source dans les monts de Juda, traversait le territoire de la tribu de Siméon et celui des Philistins, et se jetait dans la Grande Mer au sud de Gaza. David, poursuivant les Amalécites, laissa au bord de ce torrent une partie de sa petite armée, et avec quatre cents hommes seulement, il attaqua toute la troupe ennemie qui avait pillé Sicéleg, la détruisit, recouvra tout le butin qu'elle avait fait, et rendit la liberté à ceux qu'elle avait pris.

5º Le *torrent d'Égypte* ou *de Sihor* était au sud-ouest de la Terre Promise, dont il formait la limite de ce côté. On ne connaît pas bien la position de ce torrent que quelques auteurs ont pris pour le Nil. On pense généralement que c'est le torrent qui se jette dans la mer, près de l'ancienne Rhinocorura.

6º Le torrent de *Cédron* avait sa source au nord de Jérusalem; il coulait à l'orient de cette ville, dans la vallée de Josaphat, et allait se jeter dans la mer Morte. Il était peu considérable et souvent entièrement à sec; mais il coulait avec beaucoup de rapidité après les orages et les grosses pluies.

7° Le *Jourdain* (Charia ou Arden), fleuve le plus considérable de la Palestine, avait ses sources au mont Hermon. On disait que sa principale branche sortait par un cours souterrain d'un petit lac appelé Phiala, et reparaissait à la surface du sol près de Panéas ou Césarée de Philippe; il traversait le lac Samochonite et celui de Génézareth; puis, parcourant avec rapidité, mais avec beaucoup de détours, une plaine qui a environ 110 kilomètres en longueur, il se jetait dans la mer Morte.

Ce fleuve formait à l'est la limite du pays de Chanaan. Mais les Israélites conservèrent les pays à l'orient du Jourdain que Moïse avait conquis, et qu'il avait partagés entre les tribus de Ruben, de Gad, et la demi-tribu orientale de Manassé.

Le Jourdain est célèbre dans l'Écriture par le miracle que Dieu opéra en faveur des Israélites, lorsque, sous la conduite de Josué, ils passèrent ce fleuve à pied sec. Élie et Élisée le passèrent également à sec, en divisant les eaux avec le manteau d'Élie, près du lieu où ce prophète fut enlevé au ciel.

Saint Jean baptisa Jésus-Christ dans les eaux du Jourdain, et ce fut longtemps une dévotion de se faire baptiser dans ce fleuve, ou du moins de s'y baigner, comme font encore les pèlerins.

Les affluents les plus célèbres du Jourdain étaient : 1° à gauche, l'*Hiéromax*, cité par les écrivains profanes ; le *Jabok* (Serka), qui séparait les États de Séhon, roi d'Hésebon, de ceux d'Og, roi de Basan ; ce fut près du torrent de Jabok que Jacob lutta contre un ange, en un lieu qu'il nomma Phanuel ; 2° à droite, le *petit Cison*, affluent du lac de Génézareth, et le torrent de *Carith*, sur les bords duquel Élie se cacha pour fuir la colère d'Achab. Il y fut nourri par des corbeaux.

8° Le torrent d'*Arnon* (Oued-Modjeb), venant de l'Arabie, séparait en partie cette contrée de la Palestine, et se jetait dans la mer Morte. L'Arnon forma la limite septentrionale des Moabites, lorsqu'ils eurent été chassés par les Amorrhéens du pays qu'ils occupaient auparavant entre l'Arnon et le Jourdain.

9° Le torrent de *Zared* traversait le pays des Moabites, et se jetait au sud-est de la mer Morte.

10° On cite encore dans l'Écriture les eaux de *Maséréphoth*, que quelques auteurs regardent comme un lieu rempli de marais ; mais il paraît que c'était un torrent qui se perdait dans la Grande Mer, non loin de Sarepta.

2...

CHAPITRE III.

GALILÉE.

28.

DESCRIPTION DU PAYS.

La Galilée était un pays fertile et très-bien cultivé, riche surtout en vignes et en oliviers ; on y voyait beaucoup de villes et de bourgs très-peuplés.

Les Galiléens étaient formés dès l'enfance aux exercices de la guerre ; quoique laborieux et industrieux, ils ne passaient pas pour très-éclairés ; et les Juifs ne croyaient pas qu'il pût sortir des prophètes de la Galilée. Ce fut cependant en ce pays que le fils de Dieu passa presque tout le temps qui a précédé celui de sa prédication. Il y annonça l'Évangile plus souvent qu'en aucune autre partie de la Palestine ; les Juifs l'appelaient le *Galiléen*. Les apôtres étaient aussi de Galilée.

Les limites de la Galilée n'ont pas toujours été les mêmes ; voici les principales villes qu'elle comprenait, en lui assignant les anciens territoires des

tribus de Nephtali, d'Aser, de Zabulon et d'Issachar.

29.

VILLES ET LIEUX REMARQUABLES, RANGÉS PAR TERRITOIRES DE TRIBUS.

Territoire de Nephtali.

ÉMATH était sur la limite septentrionale de la
Palestine, à l'entrée du défilé qui, à travers les
montagnes du Liban, menait à la grande ville
syrienne d'Émath. Plusieurs auteurs ont confondu
la première ville d'Émath avec la seconde. On remarquait aussi, sur la limite septentrionale du
pays assigné par Moïse aux Israélites, la ville de
Zéphrona et le village d'*Énan.*

HAMMOTH-DOR fut donnée aux Lévites de la
famille de Gerson.

BAAL-GAD était sur la limite septentrionale de la
tribu de Nephtali. Quelques auteurs l'ont confondue à tort avec *Héliopolis* ou *Baalbeck;* d'autres
lui ont donné, en outre, le nom de *Baal-Her-
mon.*

PANÉAS, puis CÉSARÉE DE PHILIPPE (Banias),
près du Jourdain, au pied du mont *Panius,* sur

lequel Hérode éleva un temple à Auguste. La
ville fut appelée *Césarée*, en l'honneur de Tibère, par Philippe, fils d'Hérode. Quelques auteurs ont prétendu que Panéas était la même ville
que Dan.

DAN (Habéïa), sur une branche du Jourdain ; une
des villes les plus septentrionales de la Palestine, au
nord du territoire de Nephtali, s'appelait *Lescem*
ou *Laïs,* lorsque six cents hommes de la tribu de
Dan s'en emparèrent et s'y établirent, parce
qu'ils étaient trop resserrés dans le territoire assigné à leur tribu. Jéroboam, premier roi d'Israël, avait placé à Dan un des deux veaux d'or
qu'il fit adorer par son peuple. Pour marquer les
deux extrémités de la Judée, l'Écriture dit souvent : *Depuis Dan jusqu'à Bersabée.*

AZOR ou HATSOR, sur une branche du Jourdain,
au sud de Césarée, était la ville la plus importante
des Chananéens, avant l'arrivée des Israélites, et
la capitale des états de Jabin, qui fut vaincu par
Josué. Cette ville fut alors détruite par les Israélites ; on croit qu'elle fut relevée par Salomon sous
le nom d'Aser. Jonathas Machabée battit les géné-
raux de Démétrius Nicanor ou Nicator près d'Azor.

SÉPHAMA, près de la limite du pays promis aux
Israélites par Moïse, dans le livre des Nombres.

CARTHAN, ville donnée aux Lévites de la famille de Gerson.

CÉDÈS ou KÉDÈS, appelée aussi CÉDÉSA ou CYDISSUS (Kadas), ville lévitique et de refuge ; patrie de Barac, qui assembla une armée en ce lieu pour combattre Sisara, général de l'armée de Jabin, l'an 1285 avant Jésus-Christ. A l'arrivée des Israélites, Cédès avait un roi qui fut vaincu par Josué.

AÏON, ville qui fut prise par Téglath-Phalasar.

ABEL-BETH-MAACHA ou ABÉLA, ville très-forte ; Joab vint y assiéger Séba, qui s'était révolté contre David après la mort d'Absalon. Séba fut tué par le peuple même d'Abéla. Téglat-Phalasar transféra les habitants de cette ville en Assyrie, ainsi que ceux de tout le territoire de Nephtali, de la Galilée et de Galaad, l'an 743 avant J. C.

RÉBLA ; Néchao y fit prisonnier Joachaz, fils de Josias, roi de Juda.

HAROSETH, près du lac Samochonite, était la résidence d'un Jabin, roi d'Azor, dont le général Sisara fut vaincu par Barac. Ce Jabin est appelé roi chananéen d'Azor, quoique la ville d'Azor eût été détruite par Josué.

BÉTHANATH, ville que les Israélites laissèrent aux Chananéens, en la rendant tributaire de Nephtali, ainsi qu'une autre ville appelée *Bethsamès*.

JAPHA ou JAPHIÉ (Safet); cette ville fut assiégée et prise par Trajan, père de l'empereur de ce nom, l'an 67.

NEPHTALI, était la patrie de Tobie.

CAPHARNAÜM ou CAPARNAÜM, au nord-ouest du lac de Génézareth, dans un canton appelé *Gennésar*. Jésus-Christ y résida et y fit plusieurs miracles : c'est là qu'il guérit la belle-mère de saint Pierre, un paralytique, le fils du centenier et qu'il ressuscita la fille de Jaïre. Saint Matthieu était publicain à Capharnaüm, lorsqu'il fut mis au nombre des apôtres.

BETHSAÏDE ou JULIAS, au sud-ouest de Capharnaüm, sur le lac de Génézareth. Jésus-Christ y opéra plusieurs miracles, entre autres la guérison d'un aveugle. Cette ville était la patrie des apôtres Pierre, André et Philippe. C'est dans le désert, près de Bethsaïde, que Jésus-Christ nourrit cinq mille hommes avec cinq pains et deux poissons.

30.

Territoire d'Aser.

ROHOB, au temps de David, appartenait à des Syriens qui se liguèrent avec ceux de Soba, et

avec les rois de Maacha, d'Istob, et les Ammonites, contre les Israélites.

APHEC était gouverné par un roi avant l'arrivée
des Israélites.

ABDON, ville lévitique, fut donnée à la famille de Gerson, ainsi que les autres villes lévitiques des tribus de Nephtali, d'Aser, d'Issachar et
de la demi-tribu orientale de Manassé.

GABARA était une des trois principales villes de
la Galilée, dans le premier siècle après Jésus-
Christ.

ACHAZIB ou ACHZIBA, nommée par les Grecs
Ecdippa, était déjà une ville importante à l'époque où les Israélites conquirent la Terre de Chanaan : les Chananéens n'en furent point chassés.
La tribu d'Aser se mêla avec eux dans Achazib et
dans les villes de *Sidon, Rohob, Aphec, Ahalab,
Helba et Acco*; elle s'habitua au commerce, et acquit ainsi de grandes richesses, comme Jacob l'a-
vait prédit : *Le pain d'Aser sera excellent, et les
rois y trouveront leurs délices.* Mais les intérêts de
son commerce empêchèrent quelquefois la tribu
d'Aser de se joindre aux autres tribus, dans les
guerres qu'elles eurent à soutenir contre leurs ennemis. Débora reproche à Aser d'être demeuré sur
le rivage de la mer et de s'être tenu dans ses ports

lorsque Barac assembla ceux de Zabulon et de Nephtali pour combattre Sisara.

Iotapata, place très-forte ; l'historien Josèphe, qui y commandait, y fut assiégé l'an 67 par Vespasien, général et plus tard empereur romain. Après une vive résistance, les derniers soldats de la garnison s'entre-tuèrent ; Josèphe, resté seul, fut pris par les Romains. Vespasien lui accorda la vie à la prière de son fils Titus.

Helcath ou Halcath était une ville lévitique.

Acco, Ptolémaïde ou Ptolémaïs (Acré ou Saint-Jean-d'Acre), à l'embouchure d'un petit fleuve, appelé *Bélus* ; le nom de Ptolémaïs lui fut donné par Ptolémée Soter. Dans le partage de la Terre de Chanaan, Acco avait été assigné à la tribu d'Aser ; mais les Israélites laissèrent cette ville aux Phéniciens. On rapporte que des marchands de cette dernière nation découvrirent, sur les bords du Bélus, l'art de faire le verre, environ mille ans avant l'ère chrétienne. Jonathas, frère de Judas Machabée, y fut retenu prisonnier par Tryphon, qu'il y avait imprudemment accompagné, à la tête d'une petite troupe.

Masal ou Messal, ville lévitique, près de l'embouchure du Cison.

On remarquait dans le territoire d'Aser un pays appelé *Chabul*, où se trouvaient les vingt villes que Salomon donna à Hiram, roi de Tyr, qui lui avait envoyé tous les bois de cèdre et de sapin, et tout l'or dont il avait besoin pour la construction du temple.

31.

Territoire de Zabulon.

NAALOL, ville lévitique, dont les Chananéens restèrent en possession moyennant un tribut qu'ils payèrent aux Zabulonites.

GISCHALA, au sud-est de Iotapata, fut la dernière ville de la Galilée qui résista aux Romains. Elle fut prise par Titus en 67 ; Jean de Gischala, qui y commandait, échappa au vainqueur, et se réfugia à Jérusalem, où il devint le chef des Zélateurs.

CANA, ville que plusieurs auteurs placent dans la tribu d'Éphraïm, est célèbre par le premier miracle de Jésus-Christ, qui y changea l'eau en vin. Cana était la patrie de l'apôtre Simon, surnommé le Zélé. Il y avait plusieurs autres *Cana*.

DAMNA ou REMMON, ville lévitique.

TIBÉRIADE (Tabarié), à l'ouest du lac de Génézareth, fut bâtie l'an 17 de Jésus-Christ, en l'honneur de Tibère, et devint la métropole de la Galilée. On croit qu'elle remplaçait la ville de *Cénéroth*,

Généreth, Cinnéroth ou *Kinnéreth* qui avait été donnée à la tribu de Nephtali.

EMMAÜS ou AMMAÜS, sur la rive occidentale du lac de Génézareth, était renommée pour ses eaux minérales chaudes, qu'on appelait aussi *bains de Tibériade.*

CARTHA ou CATETH, ville lévique, située au pied du mont Thabor, dont on lui donne quelquefois le nom.

CÉTRON, ville que les Zabulonites laissèrent aux Chananéens, en leur imposant un tribut.

DOTHAÏN ou DOTHAÏM, près du mont Thabor, et de la vallée d'Esdrelon qu'on appelait aussi plaine de Dothaïn. Joseph y fut vendu par ses frères à des marchands ismaélites qui l'emmenèrent en Égypte.

ENDOR (Endar), ville qui fut donnée à la demi-tribu occidentale de Manassé; près de cette ville demeurait la Pythonisse, qui, par ordre de Saül, évoqua l'ombre de Samuël avant la bataille de Gelboé.

NAZARETH (Nazareth ou Nasra), à l'ouest du mont Thabor, patrie de la sainte Vierge. C'est là que Jésus-Christ résida avec sa famille jusqu'à son baptême; ce qui lui fit donner, ainsi qu'à ses disciples, le nom de Nazaréen. On montre encore à Nazareth le lieu où l'ange annonça à la Vierge sa conception miraculeuse, et la place où demeurait Joseph d'Arimathie.

SEPPHORIS, puis DIOCÉSARÉE (Safouri), sur un plateau. Les auteurs sacrés n'en parlent pas, mais c'était la plus grande ville de Galilée au temps de Josèphe. Elle prit le nom de Diocésarée sous les empereurs romains; s'étant révoltée, en 353, elle fut brûlée par l'armée romaine.

GETH-HÉPHER ou OPHER, entre Sepphoris et Nazareth, était la patrie du prophète Jonas

ZABULON, sur la limite des tribus d'Aser et de Zabulon, fut une ville importante dans le premier siècle après Jésus-Christ.

JECNAM, JÉCONAM ou JACHANAN DU CARMEL, ville lévitique près du mont Carmel; avant l'arrivée des Israélites, elle avait un roi qui fut vaincu par Josué.

ARBÉLA, dans un pays montagneux, rempli de cavernes d'un accès difficile, qui servaient de retraites à des brigands.

HÉPHA ou PORPHYRION (R. près de Caïffa ou Haïpha), sur la Grande Mer, au pied du mont Carmel, appartenait aux Phéniciens; c'est là, dit-on, que fut découvert l'art de teindre en pourpre au moyen d'un coquillage appelé *murex*.

ECBATANE ou AGBATANE (R. près de Caïffa);
Cambyse, fils et successeur de Cyrus, roi de
Perse, s'y blessa mortellement avec son épée, en
montant à cheval.

DORA ou DOR (près de Taïtoura ou Tortura), sur
la mer Intérieure; ville qui avait été donnée en
partage à la demi-tribu occidentale de Manassé,
mais qui resta au pouvoir des Phéniciens. Ce fut à
Dora que se retira Tryphon, meurtrier d'Antiochus
Théos; Antiochus Sidétès vint l'y assiéger; mais
Tryphon se sauva par la mer.

32.

Territoire d'Issachar.

TARICHÉE, sur la rive occidentale du lac de
Génézareth, près de l'endroit où le Jourdain sort
de ce lac, était une des places fortes de la Palestine;
elle fut prise par Titus, l'an 67 de Jésus-Christ.

DABÉRETH, ville lévitique, est appelée *Dabaritha* par Josèphe; on croit que c'est la ville
nommée *Dabira* par saint Jérôme.

NAÏM, au sud de Nazareth; c'est là que Jésus-
Christ rendit à la vie le fils de la veuve.

SUNAM, au sud-ouest de Nazareth, était la patrie d'Abisag, que David épousa dans sa vieillesse.

Élisée, ayant été recueilli par une femme riche de Sunam, ressuscita son fils.

Engannim ou Anem fut donnée aux Lévites.

Légio (Ladschoun ou Légun); les Romains, qu'on regarde comme les fondateurs de cette ville, avaient établi autour une légion pour garder le pays entre Ptolémaïs et Césarée.

Jezraël, Esdraelon ou Esdraela (Djénin ou Esdrelon), fut le séjour d'Achab, septième roi d'Israël, qui y fit périr Naboth, pour s'emparer de sa vigne. Jéhu y fit tuer Jézabel, femme d'Achab, l'an 883 avant Jésus-Christ. La vallée où se trouvait cette ville, et qui occupait une grande partie de la Galilée inférieure, porte encore aujourd'hui, comme dans les temps anciens, le nom d'Esdrelon. Cette vallée, célèbre par beaucoup de combats, est toujours d'une grande fertilité.

Aphec, au nord de Jezraël; les Israélites y furent vaincus trois fois par les Philistins. Dans la dernière de ces défaites, Saül fut tué sur le mont Gelboé, avec ses trois fils, Jonathas, Abinadab et Melchisua. Achab y vainquit pour la seconde fois Bénadad, roi de Syrie, et le fit prisonnier; mais il le remit en liberté et fit même alliance avec lui.

Césion était une ville lévitique.

JARAMOTH ou RAMETH, ville lévitique, sur la frontière du territoire de Manassé.

BETHSAN, BASAN ou SCYTHOPOLIS (Baïsan), sur les limites de la Galilée inférieure et de la Samarie, appartenait à la demi-tribu occidentale de Manassé. Les Philistins, après la bataille de Gelboé, suspendirent le corps de Saül aux murailles de Bethsan. Cette ville fut appelée Scythopolis par les Grecs, parce qu'une partie des Scythes qui avaient envahi la Médie et la Syrie, s'y établirent. Au temps du Sauveur, elle était la principale cité de la *Décapole* ou confédération de dix villes, occupées par des idolâtres, et toutes situées dans la Pérée, à l'exception de Bethsan, qui se trouvait à l'ouest du Jourdain. Ce territoire s'appelait Basan ou Batanée. Scythopolis devint sous les Romains la métropole de la Palestine deuxième.

ISSACHAR, nom d'une ville que plusieurs géographes placent au nord de Bethsan.

CHAPITRE IV.

SAMARIE.

33.

DESCRIPTION DU PAYS.

La Samarie était bornée au nord par la Galilée, à l'est par le Jourdain, au midi par la Judée, à l'ouest par la grande Mer. Elle répondait à peu près aux anciens territoires de la tribu d'Éphraïm et de la demi-tribu occidentale de Manassé. En partie montagneuse, elle était néanmoins généralement fertile, surtout en grains.

Après la destruction du royaume d'Israël, différents peuples d'Assyrie vinrent se mêler à ceux des Israélites qui n'avaient pas été emmenés en captivité, et avec ceux qui plus tard rentrèrent dans leur ancienne patrie.

Tous les habitants de ce pays furent ensuite appelés *Samaritains*, à cause de la ville de Samarie, leur capitale. Le vrai dieu fut adoré parmi eux : ils attendaient même le Messie, mais ils différaient des Juifs sous plusieurs rapports.

Ils n'admettaient que les seuls livres de Moïse, et soutenaient que Dieu devait être adoré, non-seulement à Jérusalem, comme le voulaient les Juifs, mais sur le mont Garizim. Cette différence de principes fit naître une haine violente entre les Juifs et les Samaritains. Il reste encore une trentaine de familles de Samaritains, à Naplous, l'ancienne Sichem.

34.

VILLES ET LIEUX REMARQUABLES.

Demi-tribu occidentale de Manassé.

CÉSARÉE DE PALESTINE (Kaïsarié), sur la grande Mer, fut bâtie par Hérode le Grand, autour d'une petite ville appelée *Tour de Straton.* Ce roi en agrandit le port, qui devint le meilleur de la côte. Césarée fut, sous les Romains, la métropole de la Palestine Première. Saint Paul y fut deux ans prisonnier avant qu'on le conduisît à Rome. Philippe, un des premiers diacres, résidait à Césarée ; Corneille le centenier y fut baptisé par saint Pierre, qui commença ainsi à répandre la parole de Dieu parmi les Gentils. Au commencement de l'ère chrétienne, les Gentils étaient plus nombreux dans cette ville que les Juifs, et portaient à ceux-ci une grande haine; en l'an 66, plus de vingt mille Juifs furent massacrés en un jour à Césarée; les autres furent emprisonnés ou chassés de la ville. Césarée est aujourd'hui déserte; mais ses remparts, son port et ses monuments subsistent encore.

GETHREMMON, ou JÉBLAAM, fut donnée aux Lévites de la famille de Caath, ainsi que les autres villes lévitiques de la demi-tribu occidentale de Manassé, et des tribus d'Éphraïm et de Dan.

MAGEDDO (Sabébé), dans une plaine où Josias fut vaincu et blessé mortellement par Néchao, roi d'Égypte, l'an 608 avant Jésus-Christ. Ochozias, roi de Juda, vint y mourir, après avoir été blessé par les gens de Jéhu.

BÉTHULIE, à quelque distance de Dothaïn, fut assiégée par Holopherne, et délivrée par Judith, l'an 656 avant Jésus-Christ. Les commentateurs ne sont pas d'accord sur la position de cette ville: quelques-uns la mettent dans la tribu de Zabulon; d'autres prétendent qu'elle était dans le territoire de Siméon.

THÈBES, entre Samarie et le Jourdain; Abimélech, fils de Gédéon, assiégeant cette ville, y fut tué par une femme qui lui lança une pierre du haut d'une tour. Le prophète Élie était né dans une ville de *Thesbé*, qui pourrait être la même que

Thèbes. Cependant, quelques auteurs placent Thesbé dans la tribu de Gad.

ÉPHRA fut la patrie de Gédéon, qui délivra les Israélites du joug des Madianites. Son fils Abimélech y fit mourir soixante-dix de ses frères, afin de régner seul sur les Israélites.

ENNON; Jésus-Christ y fut baptisé, dans les eaux du Jourdain, par saint Jean-Baptiste. Dans le voisinage d'Ennon était une ville de *Salim*, qui ne nous est connue que par son voisinage du lieu où saint Jean donnait le baptême.

SAMARIE ou SÉBASTE (Sébasta), fut fondée par Amri, roi d'Israël, qui en fit sa capitale. Achab y vainquit Bénadad, roi de Syrie, qui était venu l'attaquer. Bénadad vint de nouveau assiéger Samarie, sous Joram, fils d'Achab; mais il leva subitement le siége, et s'enfuit avec son armée. Samarie fut détruite par Salmanasar, roi d'Assyrie, puis rebâtie par les Cuthéens, que ce prince établit dans la Samarie à la place des anciens habitants. Elle fut de nouveau ruinée par Jean Hyrcan, et rebâtie par Hérode le Grand, qui la nomma Sébaste, en l'honneur d'Auguste.

Samarie était sur une montagne, entourée d'une vallée profonde; cette montagne avait appartenu à un certain Somer, dont la ville reçut le nom. Il

est cependant probable que les noms de *Samarie*
et de *Samaritains* venaient aussi des *Samaréens*,
anciens habitants de ce pays.

THÉNAC, ville lévitique, avait un roi avant l'arrivée des Israélites. Les enfants de Manassé n'ex-
terminèrent pas les habitants de Thénac, et leur
permirent même de demeurer avec eux, ainsi qu'aux
habitants de Gethremmon et de Mageddo.

THIRSA ou THERSA était la capitale du royaume
d'Israël, avant que Samarie eût été construite.

THAPSA, près de Thirsa, fut prise et-ruinée par
Manahem, roi d'Israël, à qui les habitants n'a-
vaient pas voulu ouvrir les portes de leur ville.

TAPHUA fut donnée à la tribu d'Éphraïm, quoique son territoire appartînt à Manassé.

35.

Territoire d'Éphraïm.

33. SICHEM ou MABARTHA, puis NÉAPOLIS
(Naplous ou Nablous), ville lévitique et de refuge,
entre les montagnes de Garizim et d'Hébal. Elle
existait avant Abraham et avait été fondée par les
Hévéens. Jacob, à son retour de Mésopotamie, s'é-
tablit d'abord dans le pays des Sichémites. Ses deux
fils, Siméon et Lévi, massacrèrent les habitants

de Sichem, pour venger un outrage fait à leur sœur.
Les restes de Joseph furent apportés par les Israélites à Sichem, et déposés dans le champ d'Hémor
que Jacob avait légué à son fils. Sichem était une ville
royale des plus puissantes avant l'arrivée des Israélites. Peu de temps avant sa mort, Josué rassembla toutes les tribus à Sichem, pour leur rappeler
les bienfaits du Seigneur, et les engager à suivre
fidèlement sa loi. Abimélech, fils de Gédéon, détruisit cette ville. Jéroboam, premier roi des dix
tribus d'Israël, la rebâtit, la fortifia, et en fit sa
résidence avant de s'établir à Thirsa. Après la ruine
de Samarie par Salmanasar, Sichem devint la capitale des Samaritains; elle l'était encore au temps
d'Alexandre le Grand.

SICHAR, au nord-est de Sichem, est remarqua-
ble par le puits près duquel Jésus-Christ conversa
avec la Samaritaine. Quelques auteurs pensent que
cette ville est la même que Sichem.

JANOÉ fut prise par Téglath-Phalasar, qui en
transféra les habitants en Assyrie.

CIBSAÏM était une ville lévitique.

ARCHÉLAÏS, au sud-est de la Samarie, à l'est
d'une province appelée *Acrabatène*, fut bâtie par
Archélaüs, fils d'Hérode. Vers le milieu du premier
siècle après Jésus-Christ, l'Acrabatène fut réunie à

la Judée, à laquelle plusieurs provinces de la Samarie avaient été données à différentes époques. Il y avait au sud-est de la Judée une autre province appelée Acrabatène.

APOLLONIADE OU APOLLONIE (Arsouf), sur la grande Mer, entre Césarée et Joppé, fut ruinée dans les guerres de Syrie, et rétablie par Gabinius, lieutenant de Marc-Antoine. L'Écriture ne fait pas mention de cette ville.

ANTIPATRIS OU ANTIPATRIDE, au sud-est d'Apollonie, sur la route de Césarée à Jérusalem, avait d'abord été appelée *Capharsabé;* Hérode le Grand lui donna le nom d'*Antipatris,* en l'honneur de son père.

THAMNATH-SARÉ, où Josué établit sa résidence et où il mourut. Sous les Romains, cette ville donnait son nom à une province appelée *Thamnitique,* qui fut réunie à la Judée.

Au temps de saint Jérôme, dans le commencement du cinquième siècle, on y voyait encore le tombeau de Josué.

SILO; Josué y acheva le partage de la terre promise. C'est dans cette ville que l'arche sainte fut déposée jusqu'au temps où les Philistins s'en saisirent, en 1131.

ÉPHRON, ville attribuée par plusieurs auteurs à la tribu de Benjamin; c'est peut-être la même qu'Éphrem, où Jésus se retira après la résurrection de Lazare.

ALMON, ville lévitique de la tribu de Benjamin.

NÉBALLAT fut habitée par la tribu de Benjamin, au retour de la captivité de Babylone.

GAZER ou GOB avait un roi nommé Horam, qui voulut secourir Lachis, assiégée par Josué; il fut vaincu et périt avec tout son peuple. David y vainquit deux fois les Philistins. Gazer fut prise et ruinée par le roi d'Égypte, puis donnée par ce prince, comme dot de sa fille, à Salomon, qui en releva les murailles.

BÉTHORON. Il y avait deux villes de ce nom, voisines l'une de l'autre, et toutes deux lévitiques. C'est là que Dieu fit tomber une pluie de pierres sur l'armée des cinq rois que Josué avait vaincus. Judas Machabée y remporta plusieurs victoires sur les Syriens.

A l'ouest de la tribu d'Éphraïm et de la demi-tribu de Manassé, la fertile plaine de *Saron* ou *Saronas* s'étendait le long de la mer, depuis Césarée de Palestine jusqu'à Joppé et à Lydda. On donnait encore le nom de Saron à deux autres cantons également renommés par leur fertilité : l'un situé entre le Mont-Thabor et le lac de Génézareth; l'autre à l'orient du Jourdain, dans la tribu de Gad. Il y avait une ville de *Saron* au sud de la première de ces trois plaines,

CHAPITRE V.

JUDÉE.

36.

DESCRIPTION DU PAYS.

Le nom de Judée est souvent donné à toute la Palestine ; mais la Judée proprement dite, dont nous parlons ici, était bornée au nord par la Samarie, à l'ouest par la grande Mer, au sud par des montagnes qui la séparaient de l'Idumée, à l'est par la mer Morte et le Jourdain. On comprenait ainsi dans la Judée les anciens territoires de Juda, de Siméon, de Dan et de Benjamin, et le pays des Philistins, que les Juifs n'ont jamais conquis en entier. Quelques cantons de la Samarie furent, à diverses époques, détachés de cette province, et réunis à la Judée.

Ce pays était, en grande partie, couvert de montagnes; on y trouvait plusieurs déserts et des cantons arides. Cependant, le sol devait généralement avoir autrefois une prodigieuse fertilité : outre les quatre nombreuses tribus que nous avons citées, il nourrissait plusieurs peuples qui luttèrent longtemps contre les Israélites, tels que les Amorrhéens, les Hétéens et les Philistins, plus puissants encore.

Le blé, le vin, le baume, le miel, l'huile, et la résine étaient les principaux produits de la Judée.

37.

VILLES ET LIEUX REMARQUABLES.

Territoire de Dan.

Joppé ou Japho (Jaffa); Jonas s'y embarqua pour s'enfuir à Tharsis, au lieu d'aller prêcher à Ninive. Joppé fut prise sur les Syriens par Jonathas et par Simon Machabée; ce fut ce dernier qui en fit le port des Juifs, le seul qu'ils possédassent sur la grande Mer. Saint Pierre y ressuscita une pauvre femme appelée Tabithe ou Dorcas. Cette ville fut ruinée deux fois par les Romains : la première par Cestius Gallus, l'an 66 de Jésus-Christ; la deuxième par Vespasien, l'an 67.

Ono fut une des premières villes habitées par les Juifs, à leur retour de la captivité.

Lydda ou Diospolis (Loud) fut aussi une des

premières villes habitées par les Juifs après la captivité de Babylone ; elle fut alors donnée aux Benjamites en même temps que la ville d'Ono. Lydda était le chef-lieu d'une toparchie ou gouvernement qui fut démembré de la Samarie pour être joint à la Judée, ainsi que *Ramatha* et *Aphœréma*, au temps de Jonathas Machabée. Saint Pierre y guérit miraculeusement un paralytique nommé Énée.

ARIMATHIE ou RAMA (Ramlé, Rama ou Sanden) est la patrie de Joseph, surnommé d'Arimathie, qui demanda à Pilate le corps de Jésus-Christ pour lui donner la sépulture. Quelques auteurs ont prétendu que cette ville était la même que Ramatha, patrie de Samuel.

ELTHÉCO ou ELTHÉCÉ était une ville lévitique.

GADARA, GAZARA ou GÉDER, ancienne ville royale des Chananéens avant Josué, fut relevée et fortifiée par le général d'Antiochus Sidétès, Cendebée, qui y logea des troupes pour ravager la Judée. Près de cette ville était une vallée de même nom.

NOBÉ ou NOB, séjour des sacrificateurs au temps de Saül ; Achimélech y reçut David. Saül y fit massacrer la famille de ce grand prêtre, composée de quatre-vingt-cinq personnes, et fit passer au fil de l'épée tous les habitants de Nobé.

Modin (Zuba), était la patrie des Machabées. C'est là que Mathathias, leur père, commença, l'an 167 avant Jésus-Christ, la guerre qui affranchit les Juifs du joug des Syriens. Judas Machabée y remporta une victoire signalée sur Antiochus.

Thamna, ville des Philistins, dans laquelle Samson se maria. Il y avait deux *Thamna* ou *Thamnata;* l'une dans la tribu de Dan, l'autre dans la tribu de Juda.

Casphin, ville très-forte; au temps des Machabées, elle était habitée par des gens de diverses nations; Judas Machabée la prit, et fit un tel carnage des habitants, qu'un étang de deux stades de long, situé auprès de la ville, fut rougi par le sang.

Gethremmon était une ville lévitique.

Ramatha ou Ramathaïm Sophim; la position de cette ville n'est pas bien connue; au temps de Samuel, dont elle était la patrie, elle appartenait à la tribu d'Éphraïm. Elle était située dans le *pays de Suph,* que Saül, cherchant les ânesses de son père, parcourut, ainsi que les pays de *Salisa, Salim* et *Jémini,* dont la position n'est pas déterminée. Ce fut alors que Saül fut sacré par Samuel.

Naïoth, près de Ramatha; David, fuyant la colère de Saül, s'y retira près de Samuel.

Esthaol, l'une des deux villes d'où partirent les six cents Danites qui s'emparèrent de la ville de *Laïs*, où ils s'établirent en lui donnant le nom de *Dan*.

Près d'Esthaol était un lieu appelé *Camp de Dan*, parce que les six cents Danites y avaient planté leurs tentes avant de se diriger vers Laïs, au nord de la Palestine.

Béra, ville où Joatham, le plus jeune des fils de Gédéon, se réfugia pour échapper à la cruauté de son frère Abimélech, qui avait fait périr ses soixante-dix autres frères.

Geth ou Gath, capitale d'une satrapie des Philistins; après que les Israélites, sous la conduite de Josué, eurent détruit la race des géants, il en resta encore quelques-uns dans la ville de Geth, ainsi que dans celles de Gaza et d'Azot. Geth était la patrie du géant Goliath. David s'y réfugia lorsqu'il était persécuté par Saül. Cette ville fut prise plusieurs fois par les rois de Juda; elle fut fortifiée par Roboam.

A l'ouest de la tribu de Dan, le long de la mer, s'étendait la *plaine de Séphéla*, où Simon Machabée construisit et fortifia la ville d'Adiada, pour servir de rempart contre les attaques des rois de Syrie

38.

Territoire de Benjamin.

GOPHNA fut la capitale d'une toparchie, appelée *Gophnitique*, et la plus considérable après celle de Jérusalem. Gophna n'est cependant pas nommée dans les livres saints.

HAÏ ou HAÏN; cette ville, habitée par les Amorrhéens, existait déjà au temps d'Abraham. Ce patriarche dressa ses tentes entre Béthel et Haï, et y demeura longtemps avant d'aller auprès d'Hébron. Les Israélites éprouvèrent une défaite sous les murs d'Haï, à cause du crime d'Achan, qui, malgré l'ordre de Dieu, avait réservé pour lui une partie du butin. Josué ayant pris cette ville, en extermina tous les habitants. Elle fut rebâtie dans la suite, et fit partie de la tribu de Benjamin.

BÉROTH, une des villes qui dépendaient des Gabaonites, lorsqu'ils se soumirent volontairement à Josué. Béroth fut la patrie de Naharaï, un des trente vaillants hommes de David, et de l'un des deux chefs de brigands qu'Isboseth avait à son service.

GABAON, ville lévitique. A l'arrivée des Israélites, Gabaon appartenait aux Amorrhéens. C'était une ville puissante qui dominait sur plusieurs villes voisines; cependant les Gabaonites furent tellement effrayés de la destruction d'Haï, qu'ils se soumirent volontairement à Josué, et se résignèrent aux plus rudes services envers les Israélites pour obtenir leur alliance. Cinq rois voisins se liguèrent contre les Gabaonites; Josué livra bataille à ces rois; une pluie de pierres tomba du ciel pour les accabler, et Josué obtint de Dieu qu'il arrêtât le soleil pour achever sa victoire. Joab, général de l'armée de David, vainquit, près de Gabaon, Abner, général d'Isboseth, fils de Saül. Le tabernacle du Seigneur et l'autel des holocaustes restèrent pendant quelque temps déposés à Gabaon. Salomon vint sacrifier dans cette ville, parce que c'était le plus considérable de tous les hauts lieux; ce fut là qu'il demanda à Dieu la sagesse.

BÉTHAVEN; Jéroboam y avait exposé une vache d'or à l'adoration du peuple; cette idole fut transportée en Assyrie, lors de la conquête du royaume d'Israël par les Assyriens.

AÏALON, ville lévitique de la tribu de Dan, qui passa probablement à la tribu de Benjamin. Elle donnait son nom à la vallée voisine. Josué, poursuivant les cinq rois qui avaient assiégé Gabaon,

ordonna à la lune de ne point avancer sur la vallée
d'Aïalon. Les Danites ne purent expulser les Amorrhéens de cette ville, d'où ils faisaient de fréquentes
irruptions dans les plaines voisines. Sous le règne
d'Achaz, Aïalon tomba au pouvoir des Philistins,
en même temps que plusieurs autres villes du territoire de Juda. Quelques auteurs ont pensé qu'il y
avait deux *Aïalon :* l'une dans le territoire de Benjamin, près de Gabaon ; l'autre, qui s'appelait aussi
Hélon, sur la montagne d'*Harès* ou *de l'Argile,* près
d'Odullam. Selon ces auteurs, cette dernière Aïalon
était celle qui appartenait à la tribu de Dan. Près
d'Aïalon était une ville de *Salébim,* où les Amorrhéens se maintinrent aussi, lors de l'invasion des
Israélites. Mais dans la suite les habitants d'Aïalon
et de Salébim devinrent tributaires des descendants
de Joseph.

BÉTHEL , qui s'appelait d'abord *Luza ,* fut
nommée *Béthel* ou *Maison de Dieu,* par Jacob
qui avait eu en ce lieu la fameuse vision de l'é-
chelle mystérieuse. C'était une ville royale des
Chananéens. Jéroboam plaça à Béthel un des deux
veaux d'or qu'il fit adorer par le peuple du royaume
d'Israël.

MACHMAS, sur la frontière des tribus de Benjamin et d'Éphraïm. La position de cette ville n'est

pas déterminée ; elle était près de Béthel, de Gabaa et de Béthaven. Quelques commentateurs la
placent, les uns à l'est, les autres à l'ouest de cette
dernière ville. Jonathas, fils de Saül, y mit en fuite
les Philistins. Ce fut dans cette circonstance que Saül
voulut faire mettre à mort Jonathas, parce que celui-
ci, malgré la défense de son père, avait pris de la
nourriture avant que l'armée ennemie fût entièrement détruite. Jonathas Machabée demeura à Machmas, et y jugea le peuple, après avoir fait la paix avec
Bacchide, général du roi de Syrie, Démétrius Soter.

JÉRICHO (Rah, Richa ou Riha), dans une plaine
autrefois très-fertile, au milieu de jardins délicieux ;
ce qui l'avait fait appeler la *Ville des Palmes*. Ce fut
la première ville attaquée par Josué, après le passage du Jourdain. Ses murailles s'écroulèrent d'elles-
mêmes, après que les Israélites en eurent fait sept
fois le tour, au son de la trompette, et en portant
l'arche au milieu d'eux. La ville fut alors rasée et
tous les habitants exterminés. Jéricho fut rebâtie
dans la suite par Hiel de Béthel, sous le règne d'A-
chab, roi d'Israël. Hérode y mourut. Jésus-Christ
y opéra plusieurs miracles, entre autres la guérison
d'un aveugle.

La plaine de Jéricho était arrosée par un ruis-
seau, dont les eaux furent assainies par Élysée. Ce

fut sans doute alors qu'elle devint d'une grande fertilité : elle était renommée surtout pour sés roses, ses palmiers et son baume. On remarquait près de Jéricho deux montagnes célèbres : l'une sur laquelle Jésus-Christ jeûna pendant quarante jours ; l'autre sur laquelle il fut transporté et tenté par le démon.

GALGALA ou GILGAL ; les Israélites s'y arrêtèrent après avoir traversé le Jourdain, et y construisirent un monument composé de douze pierres tirées du fond du fleuve. Ce fut là que Josué fit circoncire tous les Israélites nés dans le désert. L'arche d'alliance resta longtemps à Galgala. Ce fut au même lieu que Samuel assembla le peuple pour confirmer la royauté à Saül ; ce fut encore là que Saül reçut la sentence de sa réprobation, pour avoir conservé une partie du butin fait sur les Amalécites, et pour avoir immolé lui-même des victimes avant la venue de Samuel. Élie sortait de Galgala, lorsqu'il fut enlevé au ciel.

LOD, près du Jourdain, fut une des premières villes que les Juifs rebâtirent au retour de la captivité de Babylone.

EMMAÜS, à 13 kil. N.-O. de Jérusalem ; Jésus-Christ y apparut à deux de ses disciples, après sa résurrection. A 2 myriamètres plus à l'ouest, on voyait une autre *Emmaüs*, appelée plus tard *Ni-cópolis*. Judas Machabée y vainquit Gorgias, géné-ral du roi de Syrie. Vespasien y établit une colonie de vétérans. Il y avait des eaux thermales dans les deux Emmaüs.

MASPHA, MESPHÉ ou MASPHATH ; les Israélites s'assemblèrent dans cette ville pour venger l'outrage fait à la femme du Lévite, à Gabaa. C'est à Maspha que Samuel tenait les assemblées, et que Saül fut élu roi, l'an 1095 avant J. C. Au temps de Samuel, les Israélites y vainquirent les Philistins. En souvenir de cette victoire, Samuel éleva un monument, appelé la *Pierre de secours*, à quelque distance de Mas-phath, près du lieu où les Philistins avaient vaincu les Israélites, tué les deux fils du grand prêtre Héli, et pris l'arche d'alliance, plus de vingt ans auparavant.

RAMA fut fortifiée par Baasa, roi d'Israël ; mais elle lui fut bientôt enlevée par Asa, roi de Juda. Plusieurs auteurs ont confondu Rama avec Ramatha, patrie de Samuel.

CAPHIRA ou CAPHARA appartenait aux Gabao-nites, quand ils se rendirent à Josué.

GABAA, ville lévitique ; les habitants de Gabaa, ayant outragé et tué la femme d'un Lévite d'É-phraïm, furent cause de la guerre dans laquelle la

3..

tribu de Benjamin fut presque entièrement exterminée par les autres tribus d'Israël. Gabaa fut la patrie et la résidence de Saül. Quelques auteurs pensent que Gabaa était la même ville que *Gabaath*, où fut enseveli le grand prêtre Éléazar, fils d'Aaron, et qui fut la patrie de Ribaï, l'un des vaillants de David.

ANATHOTH, autre ville lévitique, était la patrie du prophète Jérémie.

ADOMMIM, près d'un passage dans les montagnes, entre Jérusalem et Jéricho, à l'est d'Anathoth. Là commençait une vallée qui s'étendait jusqu'à la mer Morte, et qui s'appelait *Vallée de Bénédiction*, à cause de la grande victoire que Josaphat y remporta sur les Moabites, les Ammonites et les Iduméens.

CAPHARSALAMA, où Judas Machabée vainquit Nicanor, général du roi de Syrie, Démétrius Soter, devait être située près de Jérusalem.

BÉTHANIE (Béthanie ou Lazarié), près de Jérusalem, au nord-est, et au pied du mont des Oliviers, sur le chemin de Jéricho; on y montre encore aujourd'hui la maison de Lazare, qui fut ressuscité par Jésus-Christ, et son tombeau creusé dans le roc. Là aussi était la maison de Simon le Lépreux.

BETHPHAGÉ, autre bourg situé près de Jérusa-

lem et dé la montagne des Oliviers. Ce fut là que
Jésus envoya ses disciples chercher l'ânesse sur laquelle il fit son entrée à Jérusalem.

Quelques géographes placent dans le territoire
de Benjamin les villes de *Nob* ou *Nobe*, et d'*Ono*,
dont nous avons déjà parlé au territoire de Dan.

39.

Description de Jérusalem.

JÉRUSALEM était près des limites de la tribu de
Juda. On dit que cette ville est la même que *Salem*,
où habitait Melchisédech, prêtre du Très-Haut,
et contemporain d'Abraham. Dans la suite, elle
fut occupée par les Jébuséens, d'où elle fut appelée *Jébus.* Adonisédec, roi de Jébus, fut mis à
mort par Josué, en même temps que les quatre autres rois qui s'étaient réfugiés avec Adonisédec
dans la caverne de Macéda. Jébus fut comprise
dans le territoire que Josué assigna aux enfants de
Benjamin ; mais ceux-ci ne tuèrent pas les Jébuséens qui demeuraient à Jérusalem et qui y restèrent avec eux. Il paraît même que les Jébuséens
étaient redevenus maîtres de la ville avant le temps
de David, qui la leur enleva et en fit la capitale
de son royaume. Elle fut embellie par ce roi, et
surtout par son fils Salomon.

Après la mort de Salomon et la révolte de Jéroboam, Jérusalem fut la capitale du royaume de Juda. Cette ville éprouva beaucoup de vicissitudes : sous le règne de Roboam, fils et successeur de Salomon, elle fut prise et pillée par Sésac, roi d'Égypte, qui enleva tous les trésors du temple, ceux du roi, et les boucliers d'or que Salomon avait fait faire. Sous le règne de Joas, fils d'Ochozias elle fut prise par les Syriens. Sous celui d'Amasias, elle fut de nouveau prise et pillée par Joas, petit-fils de Jéhu, roi d'Israël. Néchao, roi d'Égypte, au retour de son expédition contre les Assyriens, entra dans Jérusalem, détrôna Joachaz, et mit à sa place Éliacim ou Joakim. Quatre ans après, Nabuchodonosor, roi des Assyriens, s'empara de Jérusalem. Cette ville s'étant soulevée, fut prise une seconde et une troisième fois par l'armée de Nabuchodonosor, qui la réduisit en cendres ; le temple et les murailles furent abattus ; les plus vaillants de Juda, les artisans, les lapidaires, tous les hommes influents et la plus grande partie du peuple furent emmenés en captivité à Babylone ; il ne resta que les plus pauvres du pays pour labourer les champs et cultiver les vignes.

Lorsque Cyrus eut pris Babylone, les Juifs obtinrent de lui la permission de retourner à Jérusalem et de rebâtir leur ville ainsi que le temple; mais ils ne la fortifièrent que quatre-vingt-deux ans plus tard, au retour de Néhémie.

Antiochus Épiphane prit Jérusalem, où il fit massacrer plus de quatre-vingt mille habitants; il la fit dévaster une seconde fois par son armée, et en chassa les Juifs. Judas Machabée la reprit, mais il ne put expulser les Syriens de la citadelle, qui fut prise vingt-six ans après par Simon, frère et second successeur de Judas Machabée.

Pompée s'empara de Jérusalem 63 ans avant Jésus-Christ : il respecta le temple; mais il démolit les murailles de la ville, qui furent rétablies vingt ans après, avec la permission de Jules César.

Bientôt Jérusalem fut le théâtre de la Passion du Sauveur, sous le gouvernement de Ponce-Pilate et sous le règne de l'empereur romain Tibère. Les Juifs s'étant révoltés vers la fin du règne de Néron, Vespasien marcha contre Jérusalem. Proclamé empereur et obligé de retourner à Rome, il laissa le commandement de l'armée à son fils Titus, qui prit la ville après un an de siége, et la détruisit entièrement l'an 70 de Jésus-Christ. Selon l'historien Josèphe, le siége de Jérusalem coûta la vie à onze cent mille Juifs, dont la plupart n'étaient pas nés dans la Judée, mais y étaient venus de toutes les provinces pour célébrer la fête de Pâques.

Dans l'année 132 de Jésus-Christ, l'empereur Adrien fit bâtir une nouvelle ville, qu'il appela *Aelia-Capitolina*. Cette ville n'occupa qu'une partie de l'emplacement de l'ancienne Jérusalem, et s'étendit davantage au nord-ouest. On lui rendit le nom de Jérusalem sous Constantin. Hérodote appelle Jérusalem *Cadytis;* les Arabes la nomment encore aujourd'hui *el Cods*, c'est-à-dire *la Sainte.*

Jérusalem occupait quatre collines : *Sion* au midi; *Acra* à l'ouest, *Bézétha* au nord, et *Moria* à l'est.

Le *mont de Sion* fut d'abord seul occupé par la ville des Jébuséens; ou du moins ce fut sur cette colline qu'ils se maintinrent jusqu'au temps de David, malgré les Israélites. Sion était plus élevée que les autres collines, ce qui lui fit donner le nom de *Ville Haute.* David fortifia beaucoup ce quartier de Jérusalem, et le munit d'une citadelle.

Acra était séparée de Sion par une vallée appelée *Tyropéon* ou *des Fromagers,* qui était remplie de maisons, et s'étendait vers l'orient jusqu'à la fontaine de Siloé, aux eaux de laquelle Jésus-Christ envoya l'aveugle-né. Le quartier d'Acra était moins élevé que celui de Sion; c'est pourquoi on l'appelait la *Ville Basse.*

Le quartier de *Bézétha* était inhabité dans les premiers temps ; mais, lorsque la population de Jérusalem se fut accrue, on construisit dans ce lieu beaucoup de maisons. Le roi Agrippa fit entourer ce quartier d'une forte muraille qu'il ne put achever.

Moria était une colline peu étendue ; à peine sa surface put-elle suffire d'abord pour l'emplacement du temple que Salomon fit bâtir. Mais ce roi fit construire vers l'orient un mur pour soutenir des terres rapportées, et l'on éleva un des portiques sur l'espace qu'on avait ainsi comblé. Le peuple, continuant toujours à porter des terres et à combler les vallées qui entouraient la montagne, celle-ci se trouva considérablement agrandie, et l'on put construire au-dessus les vastes galeries qui entouraient le temple, et qui en faisaient une grande forteresse sous les derniers rois des Juifs

La ville de Jérusalem était enfermée dans un triple mur, excepté du côté des vallées, où il n'y en avait qu'un. Il est impossible de bien reconnaître aujourd'hui la situation et la direction d'une grande partie de ces murs.

A l'est, le torrent de Cédron séparait Jérusalem de la montagne des Oliviers. Au sud, un ravin, appelé *vallée de Raphaïm* et *vallée des enfants d'Ennon*, rejoignait la vallée du Cédron. A l'ouest était le mont *Golgotha* ou *Calvaire*, sur lequel le Sauveur fut crucifié.

Nous ne pouvons indiquer d'une manière sûre et précise la situation de tous les lieux et de tous les monuments de Jérusalem, célèbres dans les livres saints. Cependant les recherches des savants et des voyageurs, et surtout les traditions conservées sur les lieux par les chrétiens qui habitent aujourd'hui en assez grand nombre dans cette ville, nous ont fait connaître l'emplacement de plusieurs de ces lieux et de ces monuments, comme on peut le voir sur notre plan de Jérusalem.

Dans le *quartier de Sion*, on remarquait : 1° la *cité de David* et la *citadelle de David* ou *forteresse de Sion*, dont nous avons déjà parlé; 2° le *palais* et le *tombeau de David*; 3° la *maison du grand prêtre Anne*, chez qui Jésus fut d'abord conduit quand il fut arrêté. C'est là que le Sauveur fut frappé par un des officiers du grand prêtre et que Simon-Pierre renia trois fois Jésus; 4° la *maison de Caïphe*, gendre d'Anne, chez qui celui-ci fit conduire Jésus, parce que Caïphe était grand prêtre cette année-là; 5° le *Cénacle*, que nous n'indiquons pas ici comme un grand édifice, mais comme le lieu où Jésus célébra la cène, son dernier repas, et institua le sacrement de l'eucharistie.

C'est là qu'il lava les pieds à ses apôtres, qu'il prédit la trahison de Judas et le renoncement de saint Pierre; 6° le magnifique *palais* que Salomon fit bâtir pour sa résidence royale, probablement celui qui est appelé le *palais du Roi*, dans le deuxième livre des Paralipomènes; 7° l'*aqueduc de Bethléhem*, qui amenait l'eau des sources de cette ville à Jérusalem.

Une forte *muraille* séparait la *ville haute* ou *Sion* de la *ville basse* ou Acra; on y remarquait *trois belles tours* construites par Hérode, dit le Grand. La *première* portait le nom d'*Hippicos*, ami d'Hérode; elle avait quatre faces, chacune de 25 coudées ($13^m,125$) de large, et de 85 coudées ($44^m,625$) de hauteur; la *deuxième* portait le nom de *Phazaël*, frère d'Hérode; elle avait 40 coudées (21^m) sur chaque face, et 90 coudées ($47^m,25$) de hauteur. C'est dans cette tour que Simon, fils de Gioras, chef de l'une des factions qui divisaient les Juifs, établit le siége de sa tyrannie, pendant que Titus assiégeait Jérusalem. La *troisième* tour reçut le nom de *Mariamne*, femme d'Hérode; elle était moins grande que les deux autres, mais beaucoup plus belle et plus richement ornée. Ces trois tours furent seules conservées par Titus, lorsqu'il ruina Jérusalem. Ce prince voulut par là montrer quelle avait été la grandeur et la beauté de la ville qu'il venait de détruire; car ces tours étaient construites en marbre blanc, et chaque pierre avait 20 coudées (10^m,5) de long, 10 coudées (5^m,25) de large, et 5 coudées (2^m,625) de haut; elles étaient si bien jointes que chaque tour semblait n'être que d'une seule pièce.

Dans le *quartier d'Acra*, on remarquait : 1° la tour *Pséphina*, vis-à-vis de laquelle Titus établit son quartier général, quand il assiégea Jérusalem. Elle était de forme octogone et haute de 70 coudées (36^m,75). Du sommet de cette tour, on pouvait voir l'Arabie, et découvrir jusqu'à la mer et jusqu'aux frontières de la Judée; 2° le *palais des Machabées*; 3° un vaste *amphithéâtre*.

On voit aujourd'hui, dans la Jérusalem moderne, une rue allant de la vallée de Cédron au Calvaire, traversant en partie le quartier d'Acra, et appelée le *chemin des Douleurs*, parce qu'elle fut suivie par Jésus, quand on le conduisait au supplice. On montre dans cette rue: 1° un lieu nommé *Ecce homo*, parce que c'est là, dit-on, que Pilate, voulant inspirer de la pitié aux Juifs, leur montra Jésus, couronné d'épines et couvert d'un manteau d'écarlate, en leur disant: *Voici l'homme*; 2° un autre lieu, appelé *Salve mater*, où l'on dit que Jésus, portant la croix, adressa la parole à sa mère, qui s'était évanouie à la vue des maux que souffrait son fils; 3° le lieu où Simon de Cyrène fut forcé par les Juifs de porter la croix de Jésus; 4° la *maison du pauvre Lazare*; 5° la *maison du mauvais riche*; 6° la *maison de Véronique*, qui vint présenter un mouchoir au Sauveur pour essuyer la sueur de son front.

Au bout de cette rue était la *porte du Jugement*.

Dans le *quartier de Bézétha*, on voyait : 1° un *palais* magnifique construit par Hérode; 2° la *grotte de Jérémie*; 3° les *tombeaux des rois de Juda*. 4° On y montre encore le lieu où était, dit-on, la *maison de Simon le Pharisien*, chez qui Jésus dînait lorsqu'il pardonna à la femme pécheresse.

Le mont *Moria* était tout entier occupé par le temple. Ce magnifique édifice, bâti d'abord par Salomon, fut ruiné 424 ans après, par Nabuchodonosor. Au retour de la captivité de Babylone, le temple fut rebâti par Zorababel. Ce nouveau temple fut profané et brûlé en partie par les Syriens, sous Antiochus Épiphane. Judas Machabée le rétablit et le purifia. Hérode le rebâtit avec une grande magnificence, quelques années avant la naissance de Jésus-Christ. C'est de ce temple admiré par ses disciples, que le Sauveur prédit la ruine, lorsqu'il leur dit : *Il viendra un temps où tout ce que vous*

voyez ici sera tellement détruit qu'il ne restera
plus pierre sur pierre.

Au nord-est était la *piscine probatique* ou
piscine des brebis, où Jésus guérit un paralytique.

Au nord-ouest du temple était le fort appelé *tour*
d'Antoine; on y gardait l'éphod ou vêtement sacré
du grand prêtre.

L'historien Josèphe dit que ce fut sur le mont
Moria qu'Abraham conduisit son fils pour le sacrifier à Dieu.

40.

Environs de Jérusalem.

Une partie de la vallée de Cédron, qui borne
Jérusalem à l'est, porte le nom de *vallée de Josa-*
phat. On a cru, d'après un passage du prophète
Joël, probablement mal interprété, que le jugement
dernier aurait lieu dans cette vallée.

Au sud de la vallée de Josaphat était la *vallée*
de Siloé, ainsi nommée du village de Siloé, situé
à l'est du Cédron. On y remarquait deux piscines
ou fontaines. La *piscine inférieure* est probablement la même que la *piscine du foulon ;* c'est près
de cette piscine que Manassès fit scier le prophète
Isaïe avec une scie de bois. Non loin de là, était la
tour de Siloé qui écrasa dix-huit hommes dans sa

chute , et le puits de Néhémie , où l'on retrouva le feu sacré qui y avait été caché par les Lévites, lorsque Nabuchodonosor emmena les Juifs en captivité. C'est probablement à la *piscine supérieure* que Jésus envoya l'aveugle-né laver ses yeux, et qu'il lui rendit ainsi la vue.

A l'est de la vallée de Cédron s'étendait le *mont des Oliviers*, au pied duquel était le village de *Gethsémani*, et le jardin de même nom, autrement dit *jardin des Olives*, où Jésus s'était retiré pour prier, quand il fut livré par Judas. On y montre encore aujourd'hui huit oliviers que l'on dit avoir été plantés au temps où le Christ fit son entrée à Jérusalem.

Le mont des Oliviers se partage en trois collines; celle du milieu domine les autres. Ce fut de cette colline qu'après sa résurrection , Notre-Seigneur monta au ciel. Sur la colline du midi, Salomon éleva des autels aux faux dieux, et se livra à leur culte avec des femmes étrangères ; ce qui fit appeler cette montagne, *montagne du Scandale*. On y voit l'emplacement du palais que Salomon y fit bâtir pour ses femmes, et qu'on nomme *palais des erreurs de Salomon*. La colline du nord est appelée *montagne du Galiléen*. C'est là que deux anges apparurent aux disciples au moment où le Sauveur

4

venait de monter au ciel, et leur dirent : « Hommes
« de Galilée, pourquoi vous arrêtez-vous à regarder
« au ciel? Ce Jésus qui, en se séparant de vous,
« s'est élevé dans le ciel, viendra de la même ma-
« nière que vous l'y avez vu monter. »

Près du Cédron est le *tombeau de la sainte
Vierge;* plus au sud sont trois autres monuments
appelés *tombeaux de Josaphat*, de *Zacharie* et
d'*Absalon*. Le dernier n'est pas un véritable tombeau, car Absalon n'y fut pas enseveli : c'est un
monument que ce prince se fit élever, avant de livrer la bataille où il fut vaincu et tué par Joab,
général de David.

On montre encore sur le penchant de la montagne des Oliviers : 1° la *grotte du Credo*, où les
apôtres arrêtèrent les principaux articles de foi des
chrétiens; 2° la place où Jésus enseigna aux apôtres
l'Oraison dominicale; 3° la place où il pleura sur
Jérusalem et prédit sa ruine; 4° la place où les
disciples s'endormirent, pendant que Jésus priait
dans le jardin des Olives.

Au sud et au sud-ouest de Jérusalem était un ravin, amenant dans le Cédron les eaux des piscines
de Gihon. Ce ravin était appelé *vallée de Raphaïm* ou *des Géants*, et dans sa partie inférieure,
vallée des Enfants d'Ennon ou *de Géhennon*.

La vallée de Raphaïm est célèbre par deux victoires que David remporta sur les Philistins. Il est probable que ce nom ne s'appliquait pas seulement alors au ravin que nous indiquons au sud-ouest de Jérusalem, mais encore au pays voisin.

Dans la vallée des Enfants d'Ennon était un lieu appelé *Géhenna* ou *Tophet*, où les Israélites s'abandonnèrent au culte de Moloch, et dont Josias fit ensuite la voirie de Jérusalem. On voit encore dans le bas de cette vallée un grand nombre de tombeaux taillés dans le roc, et appelés par quelques auteurs *Tombeaux des Prophètes*.

Près de là est le champ appelé *Aceldama* ou *Champ du sang*, qui fut acheté avec les trente deniers que Judas avait reçus pour trahir Jésus-Christ.

Au sud de la vallée des Enfants d'Ennon est une colline appelée *mont du Mauvais Conseil*, parce que les prêtres juifs et les Pharisiens y prirent la résolution d'y faire périr Jésus. On y voit encore des ruines qu'on dit être celles de la maison de campagne de Caïphe, où ce conseil fut tenu.

Près de la tour de Pséphina était le *bain* où David aperçut Bethsabée, femme d'Urie, quand il conçut la funeste passion qui le porta à faire périr un de ses plus braves officiers.

Le *Calvaire* où mont *Golgotha* était, comme nous

l'avons dit, hors de Jérusalem, mais si près de la ville, que les Juifs, placés sur les murs, adressaient de là leurs injures au Sauveur mourant sur la croix.

Au penchant de la montagne est le *saint sépulcre*, où Jésus-Christ demeura enseveli pendant deux jours. On y voit aujourd'hui une église enrichie par les dons des fidèles et visitée par de nombreux pèlerins.

41.

Territoire de Juda.

GABATHON ou GEBBÉTHON, ville forte des Philistins, avait été donné aux Lévites par la tribu de Dan.

GÉDÉRA ou GADÉRA ; il ne faut pas confondre cette ville avec *Gadara*, dans la tribu de Dan. Près de Gédéra était une autre ville de Juda, appelée *Gédérothaïm*.

ÉLEUTHÉROPOLIS devint une ville importante dans le quatrième siècle après Jésus-Christ ; mais il n'en est pas parlé dans les livres saints, et il n'en reste plus de vestiges.

SARAA, ville de la tribu de Dan, patrie de Manué, père de Samson. Les six cents Danites qui allèrent fonder Dan sur les ruines de Laïs, étaient sortis de Saraa et d'*Esthaol*, autre ville de la tribu de Dan.

JÉRIMOTH ou JÉRIMUTH, ville des Amorrhéens,

dont le roi Pharam fut un des cinq qui se liguèrent contre Josué. Cette ville existait encore au retour de la captivité.

MARÉSA, près du torrent de Sorec. C'est non loin de là, dans la plaine de *Séphata,* qu'Asa, roi de Juda, extermina l'armée de Zara, roi de Chus ou d'Éthiopie. Quelques auteurs prétendent que cette ville est la même que *Morasthi,* patrie du prophète Michée ; d'autres placent Morasthi plus à l'est.

LACHIS ; à l'arrivée des Israélites, Japhia, roi de Lachis, s'était ligué avec Adonisedec, roi de Jérusalem, Oham, roi d'Hébron, Pharam, roi de Jérimoth, et Dabir, roi d'Églon, pour assiéger Gabaon ; ces cinq rois furent vaincus et pris par Josué qui les fit mettre à mort. Lachis fut assiégée par Sennachérib. Amasias, roi de Juda, y fut tué par des conjurés, l'an 810 avant Jésus-Christ.

LEBNA, LIBNA ou LABANA, ville lévitique, avait un roi avant l'arrivée des Israélites ; cette ville fut prise par Josué, et tous les habitants passés au fil de l'épée. Lebna se sépara de Juda sous le règne de Joram.

AZÉCA, ville forte qui se défendit vigoureusement contre Nabuchodonosor, et fut une des dernières que ce roi prit dans la Palestine.

BETHSAMÈS ou BETHSÉMÈS, ville lévitique ; l'ar-

che d'alliance s'y arrêta dans le champ de Josué,
le Bethsamite, lorsque les Philistins, effrayés des
maux qu'elle leur avait causés, la rendirent aux
Israélites. La curiosité sacrilége des Bethsamites
ayant causé la mort d'un grand nombre d'entre
eux, ils la cédèrent à leur tour aux habitants de
Cariathiarim. C'est à Bethsamès qu'Amasias, roi
de Juda, fut vaincu et pris par Joas, roi d'Israël,
l'an 826 avant Jésus-Christ.

CARIATHIARIM (ville des forêts) était, au temps
de Josué, sous la dépendance des Gabaonites ; les
Bethsamites y transportèrent l'arche, que les Philistins leur avaient rendue. Elle y resta pendant longtemps dans la maison d'Abinadab, sur une hauteur
appelée *Gabaa* par l'Écriture. C'est pour cela que
Cariathiarim fut nommée le *Lieu du repos*. Dans
la suite, David fit transporter l'arche à Jérusalem.

JÉTHRIT, près de Cariathiarim, patrie d'Ira et
de Gareb, deux des vaillants de David.

SOCHO fut prise par les Philistins, sous le règne
d'Achas, roi de Juda.

Ce fut entre Socho et Azéca, dans un lieu appelé
Dommim, que David tua le géant Goliath.

BETHZACARA, ville où Judas Machabée vint
camper avant le combat qu'il livra aux Syriens qui
assiégeaient Bethsur.

BETHLÉHEM ou ÉPHRATA, à 9 kilomètres sud
de Jérusalem, célèbre surtout par la naissance du
Sauveur, avait vu naître David. Sainte Hélène,
mère de Constantin, y fit construire une église
magnifique. Au-dessous de cette église, on en voit
encore une autre dans laquelle se trouve renfermée
la place où naquit Jésus-Christ. Le territoire de
Bethléhem est très-fertile en vignes et en oliviers.

Le tombeau de Rachel était entre Béthléhem et
Jérusalem. Quelques voyageurs placent à 4 kilomètres de ce tombeau la ville de *Rama* ou *Ramla*
dont a parlé Jérémie.

AHOH, près de Bethléhem, était la patrie d'É-
léazar, le second des vaillants capitaines de David,
et de Selmon, un des vaillants hommes du même roi.

NÉTOPHATH, autre lieu près de Bethléhem,
était la patrie de Maharaï et de Héled, vaillants
de David.

MACÉDA, ville royale, sur le Sorec; il y avait
près de là une caverne où les cinq rois amorrhéens
se réfugièrent, après avoir été vaincus par Josué
à Gabaon. Ils y furent découverts et mis à mort,
comme nous l'avons déjà dit à l'article *Lachis*.

BÉZEC; les tribus de Juda et de Siméon y vain
quirent les Chananéens et les Phérézéens, et y prirent le roi Adonibézec, à qui l'on coupa les extré-

mités des mains et des pieds, traitement cruel qu'il avait fait éprouver à soixante et dix rois. Saül assembla son armée à Bézec, pour délivrer la ville de Jabès, attaquée par les Ammonites.

ÉGLON était une des cinq villes dont les rois furent vaincus à Gabaon par Josué, qui prit ensuite Églon et en extermina tous les habitants.

BETHSUR ou BETHSURA fut assiégée par Lysias, général des Syriens, qui fut forcé par Judas Machabée d'en lever le siége; mais, bientôt après, Lysias la prit dans un combat où périt Éléazar, fils de Saura, l'an 163 avant Jésus-Christ. Bethsur resta au pouvoir des Syriens pendant quelques années.

ENGALLIM, située près de l'embouchure du Jourdain, dans la mer Morte.

BETHBESSEN, ville, près de l'embouchure du Jourdain, que Simon et Judas Machabée relevèrent de ses ruines, et dont ils firent une place forte.

MASADA, sur un rocher près de la mer Morte, avait été fortifiée par Jonathas, frère de Judas Machabée, et par Hérode. Ce fut la dernière ville où les Juifs se défendirent après la ruine de Jérusalem. Elle fut prise par Flavius Sylva, l'an 72 après Jésus-Christ; tous les Juifs qui formaient la garnison se tuèrent les uns les autres plutôt que de se rendre aux Romains.

Engaddi ou Asasonthamar, près de la mer Morte, selon les uns au nord-ouest, selon les autres à l'ouest de cette mer, dans un désert où David se cacha pendant quelque temps pour éviter les poursuites de Saül. Celui-ci fut surpris dans une grotte de ce désert par David, qui ne lui fit aucun mal.

Engaddi ou Asasonthamar était la capitale des Amorrhéens, qui furent vaincus, avec leurs alliés les Amalécites, par Chodorlahomor, roi des Élamites. Josaphat, roi de Juda, y défit les Ammonites et les Moabites.

Estémo, Esthamo ou Istémo, ville lévitique, fut une de celles auxquelles David envoya une part du butin fait sur les Amalécites près de Sicéleg.

Mochona fut une des villes que les Juifs rebâtirent au retour de la captivité.

Thécua fut fortifiée par Roboam; elle donnait son nom au désert qui l'environnait.

Ceila fut attaquée par les Philistins sous le règne de Saül. David, qui, avec six cents hommes, fuyait la colère de ce roi, tailla en pièces les Philistins, et sauva Ceila.

Ziph; David, forcé de quitter Ceila, se réfugia dans la forêt du désert de Ziph. Saül étant campé dans ce désert, sur la colline d'*Hachila*, David entra dans sa tente pendant qu'il dormait, et se contenta de prendre sa lance et sa coupe. Ziph fut fortifiée par Roboam.

HÉBRON, d'abord CARIATH-ARBÉ ou KIRIATH-ARBA (Kabr-Ibrahim ou Khalil), ville de refuge, était aussi ancienne que les premières villes de l'Égypte. Elle fut la résidence d'Abraham ; on y montre encore son tombeau et celui de Sara ; on y voit aussi ceux d'Isaac, de Rébecca, de Jacob et de Lia. Le territoire de cette ville fut cédé à Caleb, qui s'en était emparé et y avait exterminé les géants, enfants d'Énac. Après la mort de Saül, David régna sept ans à Hébron sur la seule tribu de Juda.

Judas Machabée reprit Hébron sur les Iduméens, qui en étaient devenus les maîtres. Près d'Hébron était la plaine de *Mamré*, ou *Mambré*, ou de *Thérébinthe;* on y montra pendant plusieurs siècles l'arbre sous lequel Abraham avait reçu les trois anges qui lui annoncèrent la naissance d'Isaac.

GILO ou GÉLO, patrie d'Éliam, un des vaillants de David.

DABIR ou DÉBIR, d'abord CARIATH-SENNA, ville lévitique, fut surnommée *Cariath - Sépher* (la ville des lettres), parce qu'on y conservait les archives du peuple juif. Elle avait été habitée par des géants de la race d'Énac, qui furent exterminés par Josué, ainsi que ceux d'Hébron.

ANAB , autre ville des géants, que Josué détruisit, était probablement près de Dahir et d'Hébron.

JÉTHER, ville lévitique, qui reçut aussi de David une part du butin fait sur les Amalécites près de Sicéleg.

OLON ou HOLON, ville qui fut donnée aux Lévites de la famille d'Aaron, ainsi que toutes les autres villes lévitiques des tribus de Juda, de Siméon et de Benjamin.

ZANOA ou ZANOÉ fut relevée par les Juifs à leur retour de la captivité. Les habitants de Zanoa contribuèrent aussi à la reconstruction des murs de Jérusalem.

MAON, dans un désert auquel cette ville donnait son nom, était au pied du mont Carmel de Juda. Maon se trouvait dans l'Acrabatène, au sud-est de la Judée, province distincte de celle de même nom dont nous avons déjà parlé. David s'y cacha quelque temps, pendant que Saül le persécutait.

HAZERSUAL, ville qui fut donnée à la tribu de Siméon, ainsi que *Molada*.

GOSEN, capitale d'un pays considérable, qui fut ravagé, et dont les habitants furent exterminés par Josué.

ASÉMONA, ville de la tribu de Juda, qui était

encore considérable au temps de saint Jérôme.

ARAD avait un roi, qui remporta d'abord une victoire sur les Israélites; mais il fut bientôt vaincu, et ses villes furent détruites.

CABSÉEL était la patrie de Banaïas, un des vaillants de David.

CADÈS-BARNÉ, ville très-importante, lors de l'arrivée des Hébreux qui vinrent camper deux fois près de Cadès, dans leur marche à travers le désert. Elle donnait son nom au désert voisin, qui paraît avoir été le même que celui de Sin. Il semble même que ce nom de *désert de Cadès-Barné* a été quelquefois étendu à une partie de l'Idumée. Cadès-Barné était sur la limite méridionale du pays promis aux Hébreux, ainsi qu'*Asémona*, et les villes de *Senna* et d'*Adar*, dont la position nous est tout à fait inconnue.

SIN paraît avoir tiré son nom des Sinéens; on appelle quelquefois *désert de Sin* le pays voisin de cette ville.

SÉBOÏM; les Israélites, au retour de la captivité, rebâtirent une ville de *Séboïm;* on ignore si cette ville était sur l'emplacement de Séboïm de la Pentapole, qui fut détruite en même temps que Sodome et Gomorrhe.

ARARI, lieu de la tribu de Juda, dont la position n'est pas connue, était la patrie d'Agé, le troisième des plus vaillants capitaines de David.

HARODI, autre lieu dont la position est également ignorée, était la patrie de Semna et d'Élica, deux des vaillants de David.

42.

Pays des Philistins.

Josué, dans le premier partage de la Terre Promise, avait assigné le pays des Philistins à la tribu de Juda : mais les Israélites ne purent s'emparer de tout ce pays ; ils furent même, à diverses époques, opprimés par les Philistins.

JAMNIA ou JABNÉ (Zania), au sud de Joppé, fut prise sur les Philistins par Ozias ou Azarias, fils d'Amasias, roi de Juda. Jonathas Machabée l'enleva à Apollonius, général de Démétrius Nicator, roi de Syrie. Les Juifs y renversèrent un autel qu'on avait élevé en l'honneur de Caligula. Après la ruine de Jérusalem, on y établit une académie pour les Juifs.

A quelque distance de cette ville, sur la grande Mer, était le port de Jamnia, qui fut brûlé par Judas Machabée avec les vaisseaux qu'il contenait.

ACCARON OU ÉKRON était une ville riche et puissante, résidence de l'un des cinq princes ou rois des Philistins. Les habitants de Geth, chez qui les Philistins avaient déposé l'arche pour l'éloigner d'Azot, ne pouvant soutenir sa présence, la firent transporter à Accaron, d'où l'on fut bientôt obligé de la renvoyer aux Israélites. Il y avait dans Accaron un oracle que l'Écriture appelle *Béelzébub*.

Le roi de Syrie, Alexandre Bala, donna Accaron à Jonathas Machabée, en reconnaissance des services qu'il en avait reçus.

On pense que Accaron est la ville appelée *Acron* dans la liste des villes de la tribu de Dan.

AZOT OU ASDOD (Ezdod), avec un port à quelque distance de la ville, sur la grande Mer, était la capitale d'une des cinq provinces du pays des Philistins. On y adorait le dieu Dagon. Les Philistins, qui s'étaient emparés de l'arche d'alliance, osèrent la déposer dans le temple de ce dieu ; mais ils furent bientôt obligés de l'éloigner à cause des maux qui résultèrent de cette profanation.

Azot fut prise par Ozias, roi de Juda, qui en détruisit les murs. Cette ville résista, dit-on, pendant vingt-neuf ans, au roi d'Égypte Psammitique, qui finit par s'en emparer. Jonathas Machabée prit et brûla Azot, après avoir vaincu près de là Apollonius, général du roi de Syrie Démétrius Nicator.

Laïse, ville où Judas Machabée fut vaincu et tué par Bacchide, lieutenant de Démétrius Soter, roi de Syrie. Cette ville devait être près d'Azot, puisque Judas, qui avait d'abord remporté un avantage au commencement du combat, poursuivit les Syriens jusqu'à la montagne d'Azot.

Ascalon, près de la grande Mer où elle avait un port, était une des capitales des Philistins. On y voyait un temple fameux dédié à la déesse Dercéto, que l'on croit la même qu'Astaroth. Hérode le Grand, originaire de cette ville, l'embellit beaucoup. Elle était renommée pour la quantité prodigieuse de ses pigeons, pour ses vins, pour ses puits qu'on attribuait à Abraham et à Isaac. Ascalon était la patrie de Sémiramis.

Gaza, à quelque distance de la grande Mer où elle avait un port appelé *Majumas*, était la capitale d'une des cinq provinces des Philistins. Peu de temps après l'arrivée des Israélites, cette ville fut prise par la tribu de Juda, ainsi qu'Ascalon et Accaron; mais les Philistins reprirent bientôt ces trois villes. Samson, qui avait été enfermé par eux dans

Gaza, en enleva les portes. Après qu'il eut été trahi par Dalila, il y fut renfermé dans une prison, et y périt ensuite avec trois mille Philistins. Gaza tomba de nouveau sous la dépendance des Israélites, à qui elle fut enlevée par les Babyloniens. Alexandre le Grand, blessé deux fois au siége de cette ville, s'en vengea en faisant tuer ou vendre comme esclaves tous les habitants, l'an 332 avant Jésus-Christ.

Gaza se releva dans la suite et fut plusieurs fois ruinée et rétablie. Elle était déserte lorsque l'apôtre saint Philippe baptisa près de là l'eunuque de la reine Candace, qui paraît avoir porté la religion chrétienne en Éthiopie.

GÉRARE, près du torrent de Bésor, était la capitale d'Abimélech, lorsque Abraham et Isaac vinrent demeurer près de cette ville. Elle donna par la suite son nom à une province appelée *Géraritique.*

RAPHIA (Rapha), près de la grande Mer et des frontières de l'Égypte, était la plus méridionale des villes renfermées par les Romains dans la Palestine. Ptolémée Philopator, roi d'Egypte, y vainquit Antiochus le Grand, roi de Syrie, l'an 218 avant Jésus-Christ.

43.

Territoire de Siméon.

Sicéleg ou Tsiclag avait été assignée à la tribu de Siméon ; mais elle resta, jusqu'au temps de David, sous la dépendance des rois philistins de Geth. Achis, un de ces rois, la donna à David, qui y fit longtemps sa résidence, pendant qu'il était poursuivi par Saül. Les Amalécites prirent et brûlèrent Sicéleg pendant l'absence de David. A son retour, il poursuivit leur armée et la détruisit au delà du torrent de Bésor. Sicéleg fut une des villes rebâties par les Israélites, après la captivité de Babylone.

Étam, ville fortifiée par Roboam ; près de là devait se trouver la caverne ou rocher d'Étam, où Samson alla demeurer après avoir brûlé les moissons des Philistins, et où trois mille hommes de Juda vinrent le trouver pour le livrer à ses ennemis.

Aïn ou Aën était une ville lévitique.

Jéta, Jota, ville lévitique, fut une de celles auxquelles David donna une part du butin qu'il avait fait sur les Amalécites.

Horma, Harma ou Herma était une ville royale avant l'arrivée des Israélites. Cette ville est proba-

blement la même que celle où Arad, roi des Chananéens, fut vaincu pendant que les Israélites étaient
campés au mont Hor.

BERSABÉE ou BÉER-SCÉBAH (Bir-Sabéa), à l'extrémité méridionale de la Palestine, sur la frontière du
pays des Philistins, fut pendant quelque temps la
résidence d'Abraham. Cette ville était appelée *Bersabée* (puits d'abondance) à cause d'un puits que
les serviteurs d'Isaac y avaient creusé. Près de là
était le *Puits du serment*, auprès duquel Abraham
jura son alliance avec Abimélech. Agar, renvoyée
par Abraham, errait dans la solitude de Bersabée,
lorsqu'un ange lui annonça la grandeur de sa postérité, et lui montra un puits dont l'eau ranima
son fils Ismaël qui allait mourir épuisé par la soif.
Les deux fils de Samuel, Joël et Abia, exerçaient
les fonctions de juges dans Bersabée, lorsque le
peuple, mécontent de leur conduite, demanda un
roi à Samuel.

CHAPITRE VI.

PÉRÉE.

44.

DESCRIPTION DU PAYS.

On donne communément le nom de Pérée à toute la partie de la Palestine située à l'orient du Jourdain. L'Écriture cite dans cette contrée plusieurs provinces dont les limites ne sont pas bien connues et ont dû varier à plusieurs époques.

Les principales de ces provinces étaient la *Batanée*, ou pays de *Basan*, dans lequel régnait Og, de la race des géants, qui fut vaincu par Moïse ;

Le pays d'*Argob*, partie de la Batanée ;

Le pays de *Galaad*, au sud de la Batanée ;

L'*Auranitide*, à l'est ; et plusieurs autres provinces que nous ferons connaître en parlant en détail de chaque ville. L'Auranitide semble avoir été, dans les derniers temps, la province la plus importante de la Pérée, puisque la plus grande partie de ce pays porte encore aujourd'hui le nom

de Hauran, ou Haouran, qui s'applique plus particulièrement aux anciennes montagnes de Galaad.

La Pérée était en partie couverte de montagnes ; elle était riche en pâturages : ce fut pour
cela que Moïse la donna aux tribus de Ruben et
de Gad, et à une demi-tribu de Manassé, qui possédaient de nombreux troupeaux.

Le baume de Galaad était très-renommé ; mais
nous avons dit, à l'article de Jéricho, que les environs de cette ville fournissaient une grande partie
du baume vendu sous le nom de Galaad. Il est
impossible de déterminer d'une manière précise les
limites de la Pérée à l'Orient. Plusieurs villes, citées par le livre de Josué dans le partage des tribus orientales, furent reprises par les peuples voisins ; peut-être même les Israélites n'en furent-
ils jamais entièrement les maîtres, quoique ces
villes aient été assujetties à David et à Salomon.

45

VILLES ET LIEUX REMARQUABLES.

Demi-tribu orientale de Manassé.

MACHATI, ou MAACHA, ville qui paraît avoir
été donnée à la demi-tribu orientale de Manassé.

Cependant Machati était gouvernée par un roi syrien, qui se ligua avec les Ammonites contre David.

CANATHA, CANATH-NOBÉ, ou NOBÉ ; la position de cette ville n'est pas bien connue. Elle fut conquise au temps de Moïse par l'Israélite Nobé, qui lui donna son nom. Gédéon y vainquit une seconde fois et y fit prisonniers les deux rois des Madianites, Zébée et Salmana.

CHOROZAÏM (Téloui), près du lac de Génésareth, est connue par les reproches et les malédictions qu'elle s'attira, pour avoir dédaigné les prédications de Jésus-Christ. Quelques savants ont pensé que cette ville était la même que *Béra-tamphta*, qui fut appelée *Julias* par Hérode.

ARGOB, ou RAGAB, était, au temps de Moïse, une ville considérable ; elle donnait son nom à une province qui échut en partage à Jaïr, arrière-petit-fils de Manassé.

GAMALA (Baut-Sah), près de la côte orientale du lac de Génésareth, donnait son nom à la *Gamalitique*, province du nord-ouest de la Batanée. Vespasien, entré de vive force dans cette ville, l'an 67 après Jésus-Christ, en fut repoussé avec perte par les habitants.

GAULON, ou GOLAN, ville de refuge, qui avait

été cédée aux Lévites de la famille de Gerson; cette ville, qui donna son nom à la province de Gaulonitide, était encore considérable au quatrième siècle de l'ère chrétienne.

DALMANUTHA, ville à l'est de la mer de Galilée, près de *Magédan*, avec laquelle on l'a quelquefois confondue. Ce fut là que les scribes et les pharisiens demandèrent à Jésus de leur faire voir quelque prodige dans le ciel; mais Jésus leur répondit qu'il ne leur en serait pas donné d'autre que celui du prophète Jonas; annonçant ainsi sa mort et sa résurrection au bout de trois jours.

ÉDRAÏ, ou ADRAA (Adréat, ou Adra), dans la province d'Auranitide. C'est à Édraï que Og, roi de Basan, fut vaincu et tué par les Israélites, sous la conduite de Moïse, l'an 1451 avant Jésus-Christ. Cette victoire livra aux Israélites tout le pays de Basan.

RAPHON, peu éloignée de l'Hiéromax; Judas Machabée y vainquit Timothée, qui avait rassemblé une grande armée, et avait fait venir les Arabes à son secours.

ASTAROTH (Mézarcib), était déjà considérable au temps d'Abraham. On y adorait la lune sous le nom d'Astarté, ou Astaroth. On pense que cette ville était la même qu'*Astaroth-Carnaïm.* Il paraît cependant qu'il y avait, dans la Batanée, deux Astaroth peu éloignées l'une de l'autre.

CARNION; cette ville, citée dans le second livre des Machabées, était une place très-forte où Timothée avait renfermé ses bagages. Judas Machabée la prit et y tua vingt-cinq mille hommes. Carnion était probablement la même ville qui est appelée *Carnaïm* dans le premier livre des Machabées, et qu'on appelle aussi *Astaroth-Carnaïm;* cependant, quelques auteurs confondent Carnion avec *Carnéa*, autre ville de la même tribu; d'autres placent une ville de Carnion dans la tribu de Gad.

GADARA (Kédar), ville de la Batanée, qui donnait son nom à une province, fut, dit-on, fondée par Sémiramis, et fut soumise aux Juifs par les Machabées. Elle devint, sous la domination romaine, métropole de la Pérée, après avoir fait partie de la Décapole.

SALÉCHA, ou SELCHA, était sur la limite orientale du royaume de Basan, au temps de Moïse.

BOSRA, ou BOSTRA, ville lévitique, dans le pays appelé *Idumée orientale*, fut occupée tantôt par les Israélites, tantôt par les Moabites, tantôt par les Iduméens. Elle devint très-riche et très-puissante sous les rois de Syrie, et sous les Romains

qui en firent la métropole de la province d'Arabie.
Bosra fut la patrie de l'empereur Philippe.

GESSUR, ou GESSURI, ville dont on ne connaît
pas bien la position. Elle était, au temps de Moïse,
capitale d'un petit État, voisin de celui de Machati.
Le royaume d'Og s'étendait jusqu'aux confins de
Gessuri et de Machati. Le territoire de ces villes
forma ensuite la limite des possessions données par
Moïse à Jaïr. Tholomaï, roi de Gessur, donna sa
fille en mariage à David. De cette union naquit le
rebelle Absalon, qui se réfugia pendant trois ans
à Gessur, après avoir tué son frère Ammon. Il ne
faut pas confondre ce pays de Gessuri avec un
autre pays de même nom, situé au sud des Philistins, dans lequel David fit plusieurs incursions
pendant qu'il était retiré à Sicéleg.

46.

Territoire de Gad.

ÉPHRON, ville très-forte, située près du Jourdain. Les habitants d'Éphron ayant refusé le passage à l'armée de Judas Machabée, celui-ci prit
leur ville d'assaut et la détruisit jusqu'aux fonde-
ments, après avoir fait passer tous les mâles au fil
de l'épée.

BASCAMAN ; Tryphon y fit assassiner Jonathas, frère de Judas Machabée, après l'avoir retenu prisonnier par trahison à Ptolémaïs.

MAHANAÏM, ville lévitique; David s'y retira avec ses troupes, lorsque son fils Absalon se fut révolté contre lui. Ce fut près de là, dans un lieu appelé la *forêt d'Éphraïm*, qu'Absalon fut vaincu et tué par Joab, général de l'armée de David.

CASBON fut prise par Judas Machabée, après la victoire qu'il avait remportée sur Timothée, à Bosor.

GÉRASA (Djérach), ville considérable dont la position est diversement indiquée. Quelques géographes l'ont mise au nord-est du lac de Génésareth ; on s'accorde plus généralement aujourd'hui à la placer au sud-est de ce lac, en un lieu que les itinéraires du Haouran moderne nomment *Djérach*. On y voit encore des ruines très-remarquables de Gérasa. Jésus-Christ y guérit deux possédés.

JABÈS, ou JABÈS DE GALAAD, au pied de la montagne de Galaad, probablement à quatorze kilomètres nord-est de Pella, fut saccagée par les Israélites, parce qu'elle avait refusé de se joindre à eux contre la tribu de Benjamin, à l'occasion de l'outrage fait à la femme du Lévite d'Éphraïm dans la ville

4..

de Gabaa. Quelques années après, Naas, roi des Ammonites, ayant assiégé Jabès, les habitants le prièrent de les recevoir à composition. Ce prince leur répondit qu'il ne pouvait leur faire grâce qu'à la condition qu'ils se laisseraient tous crever l'œil droit. Les habitants demandèrent une trêve de sept jours, promettant de se rendre à discrétion, si, dans ce temps, il ne leur venait pas de secours. Saül, informé de l'extrémité à laquelle ils étaient réduits, assembla promptement une armée à Bézec, et accourut à Jabès, où il tailla en pièces les troupes de Naas. Après la mort de Saül, les habitants de Jabès enlevèrent son corps et ceux de ses fils, que les Philistins avaient pendus aux murs de Bethsan, et les ensevelirent dans un bois, auprès de leur ville.

BETH-BÉRA, ou BÉTHABARA, poste important sur le Jourdain. Gédéon en confia la garde aux Éphraïmites, pour intercepter le passage aux Madianites.

DABIR, ville située près du confluent du Jourdain et du Jabok. Il ne faut pas la confondre avec la ville royale de Dabir qui fut donnée aux Lévites par la tribu de Juda.

PELLA, sur le torrent de Jabok, ville de la Décapole. Les premiers chrétiens, sachant par les prédictions du Sauveur que la ville et le temple de Jérusalem devaient être détruits, se retirèrent à Pella, lorsqu'ils virent que l'armée de Titus se préparait à assiéger Jérusalem.

MASPHA, dans les montagnes de Galaad. C'est en cet endroit que Laban et Jacob firent alliance, lorsque Jacob eut quitté la Mésopotamie pour retourner dans le pays de Chanaan. Jephté y rassembla les troupes avec lesquelles il battit les Ammonites. Maspha fut quelquefois occupée par les Moabites. David, fuyant la colère de Saül, passa de la caverne d'Odollam à Maspha, où il laissa, auprès du roi de Moab, son père et sa mère. Quelques auteurs ont pensé que cette ville de Maspha, où David se retira, n'était pas la même que Maspha de Galaad. Judas Machabée s'empara de Maspha, en enleva les richesses et la brûla.

PHANUEL, près du torrent de Jabok. C'est dans ce lieu que Jacob, à son retour de la Mésopotamie, lutta avec un ange et reçut le nom d'Israël; c'est près de là qu'il se réconcilia avec son frère Ésaü. Gédéon, revenant de la poursuite des Madianites, renversa la tour de Phanuel, et tua tous les habitants de la ville qui lui avaient refusé des vivres pour son armée, et lui avaient répondu d'une manière insultante. Absalon fut vaincu par l'armée de David entre Phanuel et Mahanaïm. Jéroboam, premier roi d'Israël, rétablit cette ville.

SOCOTH, ou SUCCOTH, près du confluent du Jabok et du Jourdain. Jacob y dressa ses tentes en revenant de la Mésopotamie. Gédéon fit périr les principaux habitants de Socoth qui lui avaient fait le même outrage que ceux de Phanuel.

SABAMA, SÉBAMA, ou SABAN, fut rebâtie par la tribu de Ruben, à qui Moïse l'avait donnée. Son territoire était riche en vignobles.

RAMOTH DE GALAAD (Zarca), ville lévitique et l'une des trois villes de refuge à l'orient du Jourdain, est appelée, par l'historien Josèphe, *Ramathan*, ou *Aramatha*. Cette ville fut l'occasion de plusieurs guerres entre les derniers rois d'Israël et les rois de Damas qui l'avaient conquise. Achab, roi d'Israël, y fut tué dans un combat qu'il livra aux Syriens l'an 897 avant Jésus-Christ; et son allié Josaphat, roi de Juda, ne se sauva qu'avec beaucoup de peine. Joram, fils et second successeur d'Achab, y fut blessé dans un autre combat contre les Syriens. Jéhu y fut sacré roi par un prophète envoyé par Élisée.

SOPHAN, SAPHON, ou AMATHA, était occupée par des Amathéens; cette ville, détruite par les

Israélites, fut rebâtie par la tribu de Gad. On place encore une autre *Saphon* dans la même tribu.

ATAROTH fut rebâtie par la tribu de Gad, après la conquête de la Terre Promise.

MAGETH était une des places fortes du pays de Galaad, au temps de Judas Machabée, qui l'enleva à Timothée.

DATHÉMAN était une forteresse du pays de Galaad, à l'est de la tribu de Gad. Les Israélites de ce pays s'y renfermèrent, lorsque les nations voisines s'assemblèrent, sous la conduite de Timothée, pour les exterminer.

TUBIN était une autre ville du même pays, où Timothée commit beaucoup de cruautés contre les Israélites et en fit périr près de mille. On ne connaît pas la position de cette ville.

JAZER, ou GAZER, ville lévitique, près d'un petit lac appelé mer de Jazer. Judas Machabée y remporta une victoire sur les Ammonites.

BARASA, ville forte du pays de Galaad, au temps de Judas Machabée; on l'a confondue avec Bosra. Les nations ennemies des Juifs, sous la conduite de Timothée, s'emparèrent de cette ville, ainsi que de *Bosor*, *Alim*, *Casphor*, *Mageth* et *Carnaïm*, où les Juifs s'étaient renfermés en at-

4.

tendant les secours qu'ils avaient demandés à Judas Machabée.

BÉAN était, selon quelques auteurs, une ville forte qui fut assiégée par Judas Machabée. Il paraît cependant, d'après le livre des Machabées, que c'était une tribu que Judas contraignit de se renfermer dans des tours. Il les y assiégea, et brûla les tours avec tous ceux qui étaient dedans.

47.

Territoire de Ruben.

BETHNEMRA fut rebâtie par les Gadites, à qui Moïse l'avait donnée en même temps qu'*Ataroth*, *Aroër* vis-à-vis de Rabba, *Étroth*, *Sophan*, *Jegbaa*, *Bétharam*, et une ville de *Dibon*.

ÉLÉALÉ, ville renversée lors de la conquête, et rebâtie par les Rubénites. Les environs étaient riches en blé et en vins. Au temps des prophètes elle appartenait aux Moabites.

RABBATH-AMMON, RABBA, ou PHILADELPHIE (Ammon, ou Amman), capitale des Ammonites était considérable dès le temps de Moïse, qui dit que l'on y montrait le lit de fer du roi Og, long de neuf coudées (4 mètres 725 millimètres). Joab, général des troupes de David, assiégeait Rabbath-Ammon, lorsque le brave Uri fut tué par suite de l'ordre que David avait donné de l'exposer aux plus grands dangers. Rabbath fut ensuite soumise aux rois de Juda, puis à ceux d'Israël, et retomba au pouvoir des Ammonites au temps de Téglath-Phalasar. Ptolémée Philadelphe donna à cette ville le nom de *Philadelphie.*

A un myriamètre de Rabbath-Ammon, on remarquait le village d'*Abel - Kéramim*, riche en vignobles.

HÉSEBON, ou ESBUS (Hesbon), ville lévitique, au pied du mont Abarim, avait d'abord appartenu aux Moabites, puis elle était devenue la capitale des Amorrhéens. Leur roi Séhon refusa de laisser passer les Israélites, et fut vaincu par Moïse, près de Jassa, à quelques lieues au sud d'Hésébon. Cette ville, détruite par les Israélites, et rebâtie ensuite par la tribu de Ruben, paraît avoir appartenu, peu de temps après, à la tribu de Gad, puisqu'elle était au nombre des villes que cette dernière tribu donna aux Lévites. Hésebon possédait des fontaines et des bains chauds qui sont vantés dans le Cantique des cantiques.

MENNITH, dont le territoire produisait un froment très-estimé, était à cinq kilomètres d'Hésebon, sur le chemin de Rabbath-Ammon.

ORONAÏM, ville probablement située près d'Hé-

sebon , appartenait aux Moabites au temps des prophètes, qui là citent parmi les villes sur lesquelles
Dieu devait faire tomber de terribles châtiments.

MÉDABA était une ville importante des Moabites, au temps du prophète Isaïe. Près de Médaba, était la ville de *Nophé* où les Moabites s'en-
fuirent après avoir été vaincus par Sehon, roi des
Amorrhéens. Quelques auteurs pensent que Nophé
était la même ville que *Nébo* qui fut donnée à la
tribu de Ruben.

ABEL-SITIM, ABEL-SATIM ou SETTIM, dernière
station des Israélites dans le désert. C'est probablement en ce lieu que la nation était campée, lorsque
Moïse fit la conquête des pays situés à l'orient du
Jourdain.

BETHSIMOTH, ou BETJÉSIMOTH, ville jusqu'à
laquelle s'étendait le campement des Israélites,
lorsqu'ils vinrent à Abel-Sitim.

BAALMÉON, une des principales villes des Moabites; elle fut détruite lors de la conquête et relevée
par les Rubénites.

IASSA, JASA, ou JASER, ville lévitique, célèbre
par la victoire que Moïse y remporta sur Séhon,
roi des Amorrhéens.

BAMOTH-BAAL fut une des stations des Israélites
dans le désert.

BOSOR, ville de réfuge, située dans la plaine qu'on appelait *Solitude de Misor*. Judas Machabée prit cette ville, dont il passa tous les hommes au fil de l'épée, et où il fit un riche butin; il remporta ensuite une grande victoire sur Timothée.

MACHŒRUS, sur un roc escarpé, peu éloigné de l'embouchure du Jourdain dans la mer Morte, avait été fortifiée par les Machabées. C'est là que saint Jean-Baptiste fut décapité. Cette ville fut prise par Lucilius Bassus, lieutenant de Titus, l'an 71 de Jésus-Christ.

CARIATHAÏM, ou SAVÉ-CARIATHAÏM, près de laquelle Chodorlahomor vainquit les Émites. Cette ville, détruite par les Israélites, fut rebâtie par la tribu de Ruben. Au temps des prophètes, elle appartenait aux Moabites.

JETHSON, CADÉMOTH, ou CÉDIMOTH, fut donnée aux Lévites de la famille de Mérari, ainsi que les autres villes lévitiques de Ruben, de Gad et de Zabulon.

BETHPHOGOR; on y voyait un temple dédié à Baal, et appelé *Baalphogor*, ou *Béelphégor*, à cause du mont *Phogor*, sur lequel cette ville se trouvait.

CALLIRHOÉ; on y remarquait des eaux thermales, très-renommées au temps d'Hérode.

ASEDOTH, nom donné à plusieurs villes entourées de plaines fertiles. Une de ces villes était appelée *Asedoth-Phasga*, parce qu'elle était au pied du mont Phasga.

DIBON, dans un pays fertile et riche en pâturages, appartenait à la tribu de Ruben au temps de Josué. Peut-être cette ville était-elle la même que Dibon, qui avait été rebâtie par les enfants de Gad, au temps de Moïse.

AROËR, sur les bords du torrent d'Arnon, était à l'extrémité méridionale du royaume de Séhon. Cette ville, qui fut donnée à la tribu de Ruben, ne doit pas être confondue avec Aroër, vis-à-vis de Rabba, qui fut donnée à la tribu de Gad.

MÉPHAAT, ville lévitique, qui paraît avoir été située au sud de l'Arnon, quoique ce torrent formât en partie la limite méridionale du pays partagé entre les Israélites.

On remarquait encore dans le territoire de Ruben, ARACH, patrie de Chusaï, le conseiller de David. La position de cette ville n'est pas connue.

CHAPITRE VII,

VILLES ET LIÉUX REMARQUABLES DES AUTRES PAYS CITÉS DANS LA BIBLE.

48.

Nous avons déjà parlé des principaux peuples qui occupaient les pays voisins de la terre de Chanaan avant Moïse (voy. nº 10), nous ajouterons ici quelques détails sur les villes et les lieux les plus célèbres de ces contrées, et particulièrement sur les villes qui furent fondées ou qui s'agrandirent après l'arrivée des Israélites.

SYRIE.

La Syrie s'étendait depuis la Palestine et l'Arabie au sud, jusqu'au mont Taurus au nord, entre la grande Mer et l'Euphrate; l'Écriture nomme la Syrie *Aram,* et comprend de plus, dans cette contrée, la Mésopotamie.

ANTIOCHE, sur l'Oronte, fut la résidence ordinaire des rois de Syrie, successeurs d'Alexandre le Grand. C'est à Antioche que les disciples de Jésus-Christ prirent le nom de chrétiens. L'église de cette ville était très-florissante dès le temps des apôtres, ce qui lui fit donner le nom de *Théopolis* ou *Ville divine.*

On remarquait, dans le voisinage d'Antioche, le bourg de *Daphné*, que l'on regarde quelquefois comme un faubourg de cette ville.

Les pays les plus remarquables de la Syrie étaient la Phénicie et la Célésyrie. La chaîne du *Liban*, célèbre par les cèdres qui couvraient une partie de ses flancs, séparait ces deux provinces.

49.

Phénicie.

Sidon (Seïd ou Saïda), sur la grande Mer, fondée par Sidon, fils aîné de Chanaan, fut longtemps la ville la plus grande et la plus riche de la Phénicie; elle était comprise dans le territoire assigné par Josué à la tribu d'Aser; mais les Israélites ne l'enlevèrent pas aux Phéniciens.

Les Sidoniens fondèrent un grand nombre de villes, parmi lesquelles Tyr, Arad et Tripoli furent les plus célèbres. Les Sidoniens excellaient dans l'art de fabriquer le verre, de filer le lin et de teindre en pourpre; ils faisaient un immense commerce.

Sarepta (Sarfand), sur la grande Mer, est

-devenue célèbre par la pauvre veuve qui reçut Élie, l'an 911 avant Jésus-Christ, et dont le fils fut ressuscité par ce prophète.

Tyr (Sour), sur la grande Mer, avait d'abord été bâtie sur le continent. Elle s'étendit dans une île voisine, qui fut jointe au continent par une chaussée que construisit Hiram, un des rois de Tyr. Les Tyriens abandonnèrent dans la suite le continent pour échapper à Nabuchodonosor, et se réfugièrent dans l'île. Tyr fut prise, l'an 332 avant Jésus-Christ, par Alexandre le Grand, ainsi que l'avaient prédit les prophètes Isaïe, Jérémie et Ézéchiel. Les Tyriens furent longtemps le premier des peuples navigateurs et commerçants : Carthage, en Afrique, était une de leurs colonies.

Béroth, ou Béryte (Beïrout, ou Bayrout), sur la grande Mer, fut prise sur Adarézer, roi de Soba; par David, qui en enleva une grande quantité d'airain.

Giblos, Gébal, ou Byblus (Djébaïl), sur la grande Mer; les habitants de cette ville excellaient dans la construction des navires, dans l'art de travailler le bois et de tailler la pierre. Salomon les employa pour l'édification du temple de Jérusalem. Giblos fournissait beaucoup de marins aux flottes de Tyr.

5

ARAD (Rouad), dans une île de la grande Mer, voisine de la côte, était une ville très-commerçante, qui fournissait à Tyr des soldats et des matelots. Les habitants de cette ville avaient probablement la même origine que ceux d'Arad, située au sud de la tribu de Juda.

Près d'Arad était l'embouchure du fleuve *Éleuthère*, au delà duquel les troupes de Démétrius Nicator se retirèrent lorsqu'elles étaient poursuivies par Jonathas Machabée.

TRIPOLI, sur la grande Mer, était composée de trois villes : une bâtie par les Sidoniens, une autre par les Tyriens, et la troisième par les Aradiens. Démétrius Soter y fut proclamé roi de Syrie, l'an 162 avant Jésus-Christ.

50.

Célésyrie.

DAMAS, ville principale de la Célésyrie, existait avant le temps d'Abraham. David vainquit les Syriens de Damas et les assujettit ; mais, sur la fin de son règne, cette ville devint la capitale d'un royaume de Syrie, fondé par Razon, qui dura deux cent cinquante ans. Elle tomba ensuite, avec le reste de la

Syrie, au pouvoir des Assyriens ; elle passa plus tard sous la domination des Babyloniens, des Perses, des Macédoniens, enfin, sous celle des Romains. L'apôtre saint Paul fut converti sur le chemin de Jérusalem à Damas. Cette ville était située dans une plaine riante et fertile, arrosée par l'*Abana* et le *Pharphar*. Elle faisait un grand commerce avec Tyr.

Au sud-est de Damas, s'étendait une contrée appelée *Trachonitide*, occupée par un peuple qui demeurait dans des cavernes et vivait de brigandages ; et un autre canton, appelé *Iturée*, dont les habitants avaient la réputation d'être bons archers. Les Romains joignirent ces deux pays, du moins en partie, à la Palestine ; mais les habitants s'y étaient toujours maintenus contre les Israélites.

Les *Ituréens* se joignirent aux *Agaréniens*, descendus comme eux d'Ismaël, et aux habitants de *Naphis* et de *Nodab*, villes aujourd'hui inconnues, dans une guerre qu'ils soutinrent contre les tribus de Ruben, de Gad et de Manassé, et où ils furent vaincus.

Soba était une ville ou un pays de la Syrie, situé au nord de Damas, dans le pays d'Émath. Les Syriens de Soba firent plusieurs fois la guerre contre les Israélites. Adaréser, leur roi, fut vaincu par David. La *Syrie-Sobal* du livre de Judith était probablement le même pays que la Syrie de Soba.

ABILA donnait son nom à l'*Abilène*, petit pays qui était gouverné par le tétrarque Lysanias, quand saint Jean-Baptiste commença à prêcher.

ÉMATH, ou ÉPIPHANIE, sur l'Oronte, avait été fondée par les descendants d'Émath, onzième fils de Chanaan. Thoù, roi d'Émath, envoya des présents à David, après la victoire de celui-ci sur Adaréser. Quelques historiens, confondant cette ville avec Émath de la province de Nephtali, ont prétendu à tort qu'elle était sur la limite du pays promis aux Israélites.

BAALATH, BAALBECK ou HÉLIOPOLIS, fut reconstruite par Salomon; elle devint très-considérable et s'enrichit par le commerce. On y adorait le soleil sous le nom de Baal.

HÉLAM, où David vainquit Sobach, général de l'armée d'Adarézer, devait être au sud-est de la Célésyrie.

On place encore dans la Célésyrie, *Thébath*, *Chun* et *Bété* que David enleva à Adarézer, et d'où il rapporta une grande quantité d'airain, qui servit plus tard pour l'ornement du temple de Salomon. La position de ces villes n'est pas connue : *Thébath* et *Chun*, nommées dans les Paralipomènes, étaient peut-être les mêmes villes que *Bété* et *Béroth*, citées dans le Livre des Rois.

51.

DÉSERT.

Dans le désert, à l'est de la Palestine, était le PAYS DE HUS, patrie de Job. Ce pays était probablement près de Damas, car cette ville fut fondée par Hus ou Us, fils d'Aram.

On remarquait encore dans le désert le pays de TOB ou ISTOB, où Jephté se réfugia, lorsque ses frères l'eurent chassé de la maison paternelle.

Vers le milieu du désert, entre la Palestine et l'Euphrate, était, au milieu d'une oasis très-fertile, TADMOR ou PALMYRE, qui fut fondée ou agrandie par Salomon. Cette ville devint l'entrepôt du commerce entre le golfe Persique et la grande Mer. Après la dispersion des Juifs, Palmyre acquit une grande célébrité, lorsqu'elle fut le séjour d'Odénat, qui s'était fait associer à l'empire, et celui de Zénobie, son épouse, qui, après la mort d'Odénat, se déclara reine de l'Orient. Zénobie fut assiégée et prise dans Palmyre, par Aurélien, qui détruisit entièrement cette ville, l'an 273 après J. C. Il n'en reste plus aujourd'hui que des ruines magnifiques.

THAPSAQUE (Déir), sur l'Euphrate, à l'est du désert, était à l'extrémité orientale des États de Salomon.

ROHOBOTH, sur l'Euphrate, dans une position inconnue, était la patrie de l'édomite Saül, qui régna dans l'Idumée avant que les Israélites eussent un roi.

Au sud du désert, dans le pays des Moabites, était SÉGOR (Zoara), seule ville de la Pentapole qui fut conservée lorsque Dieu détruisit, par une pluie de soufre et de feu, Sodome, Gomorrhe, Adama et Séboïm.

Quelques géographes placent aussi dans le pays des Moabites, CHARACA, ville des Juifs Tubianéens, où Judas Machabée passa au fil de l'épée dix mille hommes des troupes de Timothée. D'autres géographes placent Characa près des sources du Jabok.

52.

MÉSOPOTAMIE ET CHALDÉE OU PAYS DE SENNAAR.

A l'orient du désert était la Mésopotamie, entre le Tigre et l'Euphrate. Les Hébreux l'appelaient *Aram-Naharaïm* ou *Syrie des rivières*, à cause de sa position, et parce qu'elle avait été habitée d'abord par les Araméens, qui de là se répandirent dans la Syrie.

Les Chaldéens occupaient la Mésopotamie au temps d'Abraham. Plusieurs auteurs disent qu'ils venaient des contrées septentrionales, voisines du Caucase. Cependant le nom de Chaldée appartenait en propre à la partie méridionale de la Babylonie, contrée située au sud de la Mésopotamie.

Dans la Mésopotamie on remarquait :

UR, patrie d'Abraham, dont la position n'est pas bien connue. Quelques-uns disent qu'Ur est aujourd'hui Ourfa ; d'autres prétendent qu'elle était loin d'Ourfa, en un lieu qui conserva le nom d'Ur au sud-est de l'endroit où est aujourd'hui Sindjar, sur l'Hermas.

HARAN, nommée *Charræ* par les Romains, au temps de Crassus. Abraham vint s'établir dans cette ville, avec son père Tharé, lorsqu'il quitta le séjour d'Ur, l'an 1996 avant J. C.

RÉSEN, fondée par Assur et qui paraît être aujourd'hui la ville de Ras-el-Aïn, sur le Khabour, ancien *Chaboras.*

CHALÉ, fondée par Assur, devait être à l'ouest de Résen, puisque Résen était entre Ninive et Chalé.

HALA et HABOR, sur le fleuve GOZAN, où Salmanazar transporta les Israélites, étaient sans doute dans la Mésopotamie. Hala paraît être la même ville que Chalé ; le fleuve Gozan était probablement le Chaboras.

CHARCAMIS, CARCHÉMIS ou CIRCÉSIUM (Karkissa), au confluent du Chaboras et de l'Euphrate, est célèbre par la victoire que Nabuchodonosor, roi de Babylone, y remporta sur Néchao, roi d'Égypte, l'an 606 avant J. C.

La Genèse cite encore les villes d'ACHAD, ARACH et CHALANNÉ, fondées par Nemrod dans la terre de Sennaar. Achad paraît être la même que *Nisibe* (Nisibin), dans la Mésopotamie. Arach, selon quelques auteurs, était sur le Tigre, au-dessous de son confluent avec l'Euphrate ; Chalanné était, dit-on, la même que *Calno* ou *Canné*, située sur l'emplacement où fut plus tard *Ctésiphon*, capitale des Parthes.

La plaine de *Ragaü*, où Nabuchodonosor vainquit le roi des Mèdes, Arphaxad, était dans la Mésopotamie, près du Tigre et de l'Euphrate, et du fleuve *Jadason* qui est inconnu.

BABYLONE, sur l'Euphrate, fut la capitale de l'empire conquis par les Chaldéens. Cette ville, qui était depuis longtemps vaste et magnifique, fut encore embellie par eux. On y remarquait surtout, au milieu du temple de Bélus, une tour très-élevée, qui paraît être la même que la tour de Babel, dont la construction fut arrêtée par la confusion des langues. Les Juifs, vaincus par Nabuchodonosor, furent conduits en captivité à Babylone. Cyrus, roi de Perse, prit cette ville, et détruisit l'empire des Chaldéens, l'an 538 avant J. C. Deux ans après, il permit aux Juifs de retourner dans leur pays, et de relever les murailles de Jérusalem. Les livres des prophètes renferment beaucoup de prédictions contre Babylone, à cause de la dépravation de ses habitants, et des maux qu'ils avaient fait souffrir aux Israélites.

53.

ASSYRIE, MÉDIE ET PERSE.

L'Assyrie proprement dite était à l'orient de la Mésopotamie, au delà du Tigre. Les Assyriens étendirent deux fois leur domination sur une grande partie de l'Asie; Salmanazar, un de leurs rois, détruisit le royaume d'Israël.

Ninive, sur le Tigre, fondée par Assur, et capitale des Assyriens, était une ville immense, ayant la forme d'un carré, dont chaque côté avait plusieurs lieues de longueur. Elle était située près de l'endroit où est aujourd'hui Mossoul, qui paraît occuper un quartier de l'ancienne Ninive. To-

5.

bie, le plus pieux des Israélites qui furent conduits en captivité par Salmanazar, habita dans Ninive.

Les Ninivites s'étaient abandonnés aux plus honteux désordres, quand Dieu envoya le prophète Jonas pour les menacer de sa colère.

Le premier empire des Assyriens fut détruit par Arbace, roi de Médie, vers le milieu du huitième siècle avant J. C.

ECBATANE (Hamadan), fondée peu de temps après, devint la capitale des Mèdes.

RAGÈS (Reï), à l'orient d'Ecbatane, était une ville considérable. C'est là que demeurait Gabélus, à qui Tobie avait prêté dix talents.

Le second empire des Assyriens, moins vaste que le premier, fut détruit par Nabopolassar, roi de Babylone, et par Cyaxare, qui prirent et ruinèrent Ninive, l'an 607 avant J. C. Après cette époque, le nom d'*Assyriens* fut souvent donné aux Babyloniens, devenus maîtres de presque tout le second empire d'Assyrie.

L'empire des Mèdes, et des Perses ou Élamites, succéda à celui des Babyloniens; il s'étendit depuis l'Indus jusqu'à la mer Intérieure, et comprit même l'Égypte.

Les Juifs dépendirent des Perses jusqu'au temps d'Alexandre le Grand. Après la mort de ce prince, l'an 324 avant J. C., les rois de Syrie, ses successeurs, maîtres d'une assez grande partie de l'ancienne monarchie persane, possédèrent la Palestine, jusqu'au temps des Machabées, au milieu du deuxième siècle avant J. C.

Suse (Sous), fut la capitale des Perses, avant Alexandre le Grand; Assuérus y résidait lorsqu'il épousa Esther.

Élymaïde paraît avoir été quelque temps la capitale des Perses, après la mort d'Alexandre le Grand.

Ahava ou Avah, sur les bords du fleuve *Ahava*, était probablement une ville d'Assyrie. Esdras y assembla les familles juives qui revinrent de Babylone avec lui, après la captivité.

On place encore en Assyrie :

1º Casphia, d'où Esdras fit venir les lévites qui l'accompagnèrent au retour de la captivité.

2º Cutha et Sépharvaïm, d'où Salmanazar tira une partie des peuples qu'il transporta dans la terre d'Israël, à la place des dix tribus qu'il emmena en captivité.

3º Cyrène, où Théglath-Phalasar transporta les habitants de Damas. Il ne faut pas confondre cette ville avec *Cyrène* en Libye.

Gog, dans quelques passages d'Ézéchiel, paraît être le nom d'un prince, chef des peuples de Mosoch et de Thubal, au sud du Caucase; dans l'apocalypse, Gog paraît être un peuple allié à *Magog*, c est-à-dire, aux Scythes.

54.

IDUMÉE ET AUTRES PAYS AU SUD DE LA PALESTINE.

La MER ROUGE s'étendait au sud de l'Idumée et de l'Arabie , et entourait cette dernière contrée à l'est et à l'ouest. Cette mer est célèbre parce que les Israélites la traversèrent miraculeusement lorsqu'ils étaient poursuivis par les Égyptiens , et parce que les flottes de Salomon faisaient un riche commerce sur ses côtes.

Les monts SINAÏ, HOREB, HOR, et les monts de SÉIR étaient dans l'Arabie-Pétrée, qui appartenait en grande partie aux Iduméens. Nous avons déjà fait connaître ces montagnes : nous ajouterons seulement ici que Dieu apparut à Moïse sur le mont Horeb, et lui commanda de délivrer les Israélites de la servitude d'Égypte.

Le mont de *Séphar* fut la limite orientale du pays occupé par la postérité de Jectan ; il était probablement au sud-est de l'Arabie.

Au midi de la Palestine , dans l'Idumée ou pays d'*Édom*, on remarquait :

PÉTRA, principale ville des Nabathéens, qui devint, sous la domination romaine, la métropole du pays qu'ils appelèrent *Palestine troisième*, quoi-qu'il n'eût pas appartenu aux douze tribus. On en voit aujourd'hui les ruines, près d'El-Djy.

ÉLATH ou ÉLANA (Aïlah), et ASIONGABER (Ca-laat-el-Acaba), sur un golfe de la mer Rouge, étaient deux ports importants, voisins l'un de l'au-tre. Salomon, maître de l'Idumée, y équipa la flotte qu'il envoyait à *Ophir*, pays riche en or, dont la position n'est pas connue, mais que l'on place le plus communément sur la côte de Sofala, en Afrique.

THARSIS, autre lieu où allaient les flottes israé-lites, est également inconnu. Quelques-uns croient que ce nom s'appliquait en général au rivage de la mer. Il devait y avoir plusieurs *Tharsis*, puisque les vaisseaux de Tyr, et ceux d'Asiongaber, villes situées, l'une sur la grande Mer, l'autre sur la mer Rouge, prenaient part au commerce de Tharsis.

SABA, résidence de la reine qui vint visiter Sa-lomon, et lui apporta de riches présents en parfums, en or et en pierres précieuses, était, selon les uns, la même que *Mariaba*, aujourd'hui Mareb, au sud de l'Arabie ; selon d'autres, c'était Sana, à l'ouest de Mareb. On a dit aussi que la reine de Saba résidait en Éthiopie, dans l'Abyssinie. L'histo-rien Josèphe dit qu'elle était reine d'Égypte et d'Éthiopie. Les Abyssins suivaient la religion juive longtemps avant l'ère chrétienne ; ils avaient avec les Juifs beaucoup de relations de commerce, et l'on trouve encore aujourd'hui chez eux une nation juive, désignée sous le nom de Falasha.

CHOA ou COA, pays d'où Salomon tirait des chevaux de prix, était probablement dans l'Arabie ; mais on n'en connaît pas la position ; peut-être même ce pays était-il dans l'Éthiopie, au sud de l'Égypte, où l'on trouve encore aujourd'hui de fort belles races de chevaux.

55.

ÉGYPTE.

L'Égypte est appelée par l'Écriture terre de *Mesraïm* ou de *Cham*, et aussi *maison d'esclavage* ou *de servitude*, parce que les descendants de Jacob y furent longtemps opprimés par les Égyptiens. L'Égypte formait un royaume puissant longtemps avant Abraham. Elle fut conquise par les Perses, et forma de nouveau un royaume particulier, sous les Ptolémées, après la mort d'Alexandre le Grand. Elle passa sous la domination des Romains à peu près en même temps que la Palestine.

Les auteurs sacrés citent principalement en Égypte les villes suivantes :

ALEXANDRIE fut fondée par Alexandre le Grand ; soixante-douze docteurs juifs y firent, par ordre de Ptolémée Philadelphe, une traduction de la Bible en grec, connue sous le nom de *Version des Septante*. Les Juifs s'étaient établis en grand nombre à Alexandrie, où ils s'enrichissaient par le commerce.

ZOAN ou TANIS (San), sur une branche du Nil, paraît avoir été la résidence des Pharaons, au temps de Moïse, et la patrie de ce législateur des Hébreux. C'est près de là que commençait la terre de Gessen.

PÉLUSE, sur la branche orientale du Nil, était, à cause de sa position, appelée par le prophète Ézéchiel *force de l'Égypte*, et par les Grecs *clef de l'Égypte*. Elle en défendait l'entrée du côté de l'Orient. Une grande muraille avait été construite depuis Péluse jusqu'à Héliopolis, pour protéger la basse Égypte contre les Arabes.

BUBASTE ou PHI-BÉSETH, sur une branche du Nil, était une des plus belles villes de l'Égypte.

TAPHNIS, HANÈS ou DAPHNÈS, au sud-ouest de Péluse, sur la même branche du Nil, est cité dans les prophéties d'Ézéchiel, parmi les grandes villes d'Égypte que Nabuchodonosor devait ravager.

ONION, sur la branche orientale du Nil; on y

voyait un temple juif, construit par Onias, fils du grand prêtre Onias III, sous Ptolémée Philométor, au milieu du deuxième siècle avant J. C.

PITHOM ou PHITOM, que les Israélites bâtirent durant leur servitude, était probablement la même ville que les Grecs appelèrent *Héroopolis*.

RAMESSÈS, dans la terre de Gessen, fut aussi construite par les Israélites pendant qu'ils étaient opprimés en Égypte. C'est de là qu'ils partirent pour la Terre Promise.

HÉLIOPOLIS ou ON (Matariéh), sur un canal du Nil, était la résidence de Putipharé, dont Joseph épousa la fille Aseneth. On y rendait un culte particulier au soleil.

MEMPHIS ou NOPH (Memf), sur le Nil, fut pendant longtemps la capitale de l'Égypte. Des Juifs vinrent, à diverses époques, y former des établissements, ce qui attira sur eux les menaces des prophètes.

SYÈNE (Assouan), sur le Nil, était à l'extrémité méridionale de l'Égypte.

Le pays de *Phaturès*, cité par les prophètes, était une province de la haute Égypte, appelée par les Grecs *Nome Phaturite* ; la grande ville de *Thèbes* en était la capitale.

CHAPITRE VIII.

56.

VOYAGES DE SAINT PAUL.

Saint Paul fut celui de tous les apôtres qui contribua le plus à répandre la religion chrétienne parmi les Gentils. Nous pensons qu'une notice sur les voyages qu'il entreprit dans ce but est un complément nécessaire de la géographie sacrée.

Paul, qu'on appelait d'abord Saul, était un des ennemis les plus acharnés des disciples du Christ. Il se rendait à Damas pour y arrêter et pour amener prisonniers à Jérusalem ceux qui avaient embrassé la religion nouvelle, quand Dieu le convertit par un miracle. Bientôt il prêcha l'Évangile dans les synagogues de *Damas* et en *Arabie*. Il ne retourna à *Jérusalem* que trois ans après. Les Juifs, particulièrement irrités contre lui, à cause de sa conversion, cherchaient à le tuer. Alors les frères (c'était le nom que les premiers chrétiens se donnaient entre eux) le conduisirent à *Césarée*, et l'envoyèrent ensuite à *Tarse*. Barnabé, qui annonçait la parole de Dieu à Antioche., alla chercher saint Paul à Tarse, et l'amena à *Antioche,* où ils prêchèrent ensemble pendant un an. Ils y instruisirent un grand nombre de personnes, et ce fut à Antioche que les disciples commencèrent à être appelés *Chrétiens.*

Paul et Barnabé firent ensuite un voyage à *Jérusalem,* puis ils revinrent à *Antioche,* d'où ils partirent pour porter la foi aux Gentils. Ils allèrent à *Séleucie,* et de là s'embarquèrent pour passer en Cypre. Ils prêchèrent à *Salamine* et dans toute l'île, jusqu'à *Paphos,* où saint Paul convertit le proconsul Sergius Paulus, d'où vint à l'apôtre le nom de Paul au lieu de celui de Saul qu'il portait auparavant. De là ils vinrent à *Perga,* en Pamphylie; ils ne s'y arrêtèrent pas cette première fois, et allèrent à *Antioche de Pisidie,* où ils convertirent plusieurs Juifs. Mais les autres Juifs chassèrent les apôtres qui jusqu'alors s'étaient adressés à eux plus particulièrement qu'aux Gentils. Paul et Barnabé vinrent ensuite à *Icone,* où beaucoup de Juifs et de Grecs embrassèrent la foi. Les apôtres ayant su que les Juifs et les Gentils voulaient se jeter sur eux pour les lapider, se réfugièrent à *Lystre,* en Lycaonie, où Paul guérit miraculeusement un homme boiteux de naissance. Quelques Juifs excitèrent le peuple contre eux; Paul fut lapidé, traîné hors de la ville et laissé pour mort. Mais il se releva et partit avec Barnabé pour aller à *Derbe;* puis ils retournèrent à *Lystre*, à *Icone* et à *Antioche de Pisidie*, répandant partout l'Évangile. Ils traver-sèrent ensuite la Pisidie et revinrent en Pamphylie, à *Perga,* où ils annoncèrent la parole du Seigneur. De là ils descendirent à *Attalie* ou *Attaléa*, puis vinrent par mer à *Antioche* de Syrie, où ils de-meurèrent assez longtemps avec les disciples. D'Antioche ils allèrent à *Jérusalem*, et assistè-rent à un concile qui décida que les Gentils con-vertis ne seraient pas assujettis à l'observation de la loi de Moïse.

Paul et Barnabé furent envoyés de nouveau à *Antioche;* Paul en repartit avec Silas pour visiter les frères dans les villes où il avait déjà prêché. Il traversa la Syrie et la Cilicie, arriva à *Derbe* et ensuite à *Lystre*, où il rencontra le disciple Timo-thée, qui l'accompagna depuis lors dans ses voya-ges. Ils traversèrent la Phrygie, la Galatie et la Mysie, et descendirent à *Troade* où ils s'embar-quèrent pour se rendre à Samothrace, et ensuite à *Naples* en Macédoine. De là ils se rendirent à *Phi-lippes*, où Paul et Silas furent mis en prison, et remis en liberté le lendemain. Ils passèrent ensuite par *Amphipolis* et *Apollonie*, et vinrent à *Thessalonique* où les Juifs avaient une synagogue, comme dans beaucoup d'autres villes de la Macédoine, de la Grèce et de l'Italie. De là ils allèrent à *Bérée*, d'où Paul se rendit à *Athènes*. Conduit devant l'aréopage, il annonça hardiment le Dieu, seigneur du ciel et de la terre, et convertit Denys, sénateur de l'aréopage, et plusieurs autres personnes.

Après cela, Paul se rendit à *Corinthe*, où il resta un an et demi, prêchant dans la synagogue tous les jours de sabbat, et travaillant pendant les autres jours à son métier, qui était de faire des tentes. De Corinthe, Paul vint par mer à *Éphèse*, puis à *Césarée ;* il passa à *Jérusalem*, et revint à *Antioche* où il demeura quelque temps. Il en partit ensuite, parcourant de ville en ville la Galatie et la Phrygie ; puis il traversa les hautes provinces de l'Asie, pour venir à *Éphèse*, où il enseigna pendant trois ans. Il alla ensuite en Macédoine, et vint en Grèce où il resta trois mois. Puis il retourna en Asie par la Macédoine, vint de *Philippes* à *Troade* où il rendit miraculeusement à la vie un jeune homme nommé Eutyque. De Troade, il alla par terre à *Assus*, d'où il se rendit à *Mitylène*, passa vis-à-vis de *Chios*, à *Samos*, à *Milet*, à *Cos*, à *Rhodes*, à *Patare*, à *Tyr*, à *Ptolémaïs*,

d'où il gagna par terre *Césarée*, puis *Jérusàlem*.
Accusé par les Juifs, qui voulaient le faire mourir,
il fut mis en prison, et conduit ensuite à *Césarée*,
au gouverneur Félix, qui le retint prisonnier pendant deux ans. Saint Paul en ayant appelé à
l'empereur, Festus, successeur de Félix, l'envoya
par mer à Rome. Le vaisseau passa par *Sidon*, au-
dessous de Cypre, par la mer de Cilicie et de
Pamphylie, à *Lystre* de Lycie, où Paul fut placé
sur un autre vaisseau. Il passa ensuite vis-à-vis de
Cnide, côtoya l'île de Crète, vers Salmone,
aborda en un lieu appelé *Bons-Ports*, près de la
ville de *Thalasse*. Le vaisseau repartit d'*Assus*,
port qui était probablement voisin de Thalasse,
côtoya l'île de Crète, et fut d'abord poussé au-dessous de l'île de Caude. Après une tempête de quatorze jours, il échoua sur les côtes de l'île de
Malte, ou de l'île de *Méléda* dans la mer Adria-
tique, qui portait autrefois le même nom que
Malte. Paul y fut mordu par une vipère sans
éprouver aucun mal, et y guérit beaucoup de ma-
lades. Au bout de trois mois, il s'embarqua, passa
à *Syracuse*, à *Rhége*, à *Pouzzoles*, et arriva
enfin à *Rome*, où il fut absous. Il y demeura deux
ans, annonçant le royaume de Dieu.

Les Actes des apôtres ne donnent aucune notion

sur la suite de la vie de saint Paul. Il paraît qu'il alla encore prêcher dans l'Orient, et qu'il revint à Rome, où il souffrit le martyre, l'an 67 de J. C.

57.

PREMIÈRES ÉGLISES.

L'Écriture sainte donne peu de détails sur les églises fondées par les autres apôtres ; nous ne citerons que les suivantes :

Saint Jean quitta Jérusalem après la mort de la sainte Vierge, et se rendit à Éphèse. Il prit soin de l'église de cette ville, après le martyre de saint Timothée qui en avait été le premier évêque. Saint Jean fonda six églises célèbres, savoir : *Smyrne, Sardes, Pergame, Thyatire, Philadelphie* et *Laodicée,* qui sont, avec *Éphèse,* les sept églises d'Asie auxquelles cet apôtre s'adresse dans les premiers chapitres de l'Apocalypse. Il écrivit ce livre dans l'île de Pathmos, où il avait été exilé pendant dix-huit mois, par l'empereur Domitien. Il retourna à Éphèse, où il écrivit son évangile vers l'an 97 de J. C.; il mourut dans cette ville en 99.

Saint Jacques le Mineur resta à Jérusalem, où il souffrit le martyre en 62. Saint Pierre, le prince des apôtres, tint le siége d'*Antioche* pendant **sept** ans; il alla fonder ensuite celui de *Rome*, qu'il occupa vingt-quatre ans et demi. Il subit le martyre dans cette ville, en même temps que saint Paul, l'an 67 de J. C.

L'église de *Colosses* en Phrygie était florissante dès le temps des apôtres, puisque saint Paul adressa une de ses épîtres aux Colossiens.

CHAPITRE IX.

58.

MESURES, POIDS, MONNAIES ET CALENDRIER DES HÉBREUX.

Les mesures, les poids et le calendrier des anciens différaient beaucoup des nôtres. Il nous a semblé utile de faire connaître ici ceux qui furent employés par les Hébreux, et leurs rapports avec notre système métrique et notre calendrier.

59.

Mesures de longueur.

Les savants qui ont fait des recherches sur les mesures des Hébreux, sont loin d'être d'accord entre eux. On convient généralement que les Hébreux conservèrent le système des poids et mesures des Égyptiens, chez lesquels ils avaient longtemps demeuré.

La *coudée* était la base de ce système. Les voyageurs ont mesuré sur les monuments de l'Égypte quelques anciennes coudées; on en a même rapporté plusieurs en Europe. Elles ont généralement 0^m,525 millimètres de longueur, et sont divisées en 28 parties, qu'on appelle *doigts*. C'était la longueur et la divison de la grande coudée, dite *coudée royale* ou *sacrée*. C'est celle qui était employée par les prêtres, et probablement aussi celle qui a été suivie par les auteurs qui ont parlé du temple et des monuments de Jérusalem.

En prenant la coudée sacrée de 0^m,525 pour base, voici la longueur en millimètres des différentes coudées et des mesures inférieures :

Coudée royale ou sacrée, *amma hakkodesch* (28 doigts), 0^m,525 millim.

Coudée naturelle, employée par les ouvriers, *amma* (24 doigts), 0^m,450 millim.

Coudée commune (20 doigts), 0^m,375 millim.

Demi-coudée royale, *gomed* (14 doigts), 0^m,262,5 millim.

Empan ou demi-coudée naturelle, *zéreth* (12 doigts) 0^m,225 millim.

Palme, *tophah* (4 doigts), 0^m,075 millim.

Doigt, *etzba*, 0^m,018,75 millim.

Plusieurs savants divisent la coudée royale ou sacrée en 32 doigts, qui n'auraient alors chacun que 0^m,0164 de longueur; ils laissent aux autres mesures le même nombre de doigts, ce qui les rend

5..

plus courtes d'un huitième. Nous avons adopté la division en 28 doigts, parce qu'il en subsiste encore des monuments authentiques.

Au temps de Moïse les Hébreux n'employaient pas de mesures de longueur plus grandes que la coudée et le pas de deux coudées; Moïse compte toujours par journées de chemin les distances parcourues par le peuple de Dieu dans le désert.

On trouve une première mesure de distance par *milles*, dans la loi qui défendait aux Hébreux de s'éloigner de leurs habitations de plus de mille pas (deux mille coudées) au jour du sabbat; ce *mille*, appelé *chemin sabbatique*, était ainsi de 1,050 mètres.

Plus tard, les Hébreux durent adopter quelques-unes des mesures itinéraires des peuples voisins. Le *mille hébraïque* est estimé par les uns à 1472^m,5; par les autres à 1668 mètres; cette dernière évaluation donne près de 67 milles au degré.

60.

Mesures agraires.

L'unité principale des mesures agraires était le *beth-séa*, carré d'environ 40 coudées naturelles de côté, et de 324 mètres de surface. Le *beth-séa* se divisait en 6 *beth-cab* ou en 24 *beth-rob*. 15 beth-séa faisaient un *beth-léthech*, 30 beth-séa faisaient un *beth-cor*.

Le carré de la coudée naturelle étant 0,2025 de mètre carré, on aura pour les mesures agraires les valeurs suivantes en ares :

Beth-cor.......................... 97 ares,200
Beth-léthech...................... 48   ,600
Beth-séa.......................... 3   ,240
Beth-cab.......................... 0   ,540
Beth-rob.......................... 0   ,135

61.

Mesures de capacité.

L'unité des mesures de capacité était le cube de la demi-coudée sacrée. Elle s'appelait *bath*, pour les liquides, et *épha*, pour les grains et autres matières sèches. La mer d'airain ou de fonte, que Salomon plaça dans le temple, semble avoir été un étalon de cette mesure, placé sous la surveillance du grand prêtre, et consacré par la religion. Cet immense vase était en forme de demi-sphère; il avait, d'après le livre des Rois, trente coudées sacrées de circonférence, dix coudées de diamètre et cinq coudées de profondeur. Il contenait deux mille bath ; ce qui donne au bath le cube d'une demi-coudée sacrée. Le bath se divisait en 6 *hin*, en 72 *log*, en 288 rébiites, en 432 *cos*.

10 bath faisaient un *cor* ou *core*.

On croit qu'il y avait encore un autre *bath*, formé par le cube de la demi-coudée naturelle, et valant ainsi à peu près les deux tiers du grand bath. Ce petit bath devait être en usage à l'époque où le livre des Paralipomènes fut écrit, puisque l'auteur de ce livre, en donnant à la mer de fonte les mêmes dimensions que l'auteur du livre des Rois, dit que ce vase contenait trois mille bath.

Pour les grains, l'épha se divisait en 2 séphel, en 3 sat ou séa, en 10 gomor, en 18 cab, en 72 log.

3 épha faisaient un *nébel;* 5 épha formaient un *léthech*, et 10 épha un *cor*.

Voici la valeur de chacune de ces mesures en litres :

Mesures des liquides.

Cor ou core	180 lit.	,880
Grand bath ou bate	18	,088
Petit bath	11	,390
Hin	3	,015
Log	0	,251
Rébiite	0	,068
Cos	0	,042

Mesures des grains et autres matières sèches

Cor ou core................	180 lit.,880
Léthech....................	90	,440
Nébel.....................	54	,264
Éphi ou épha..............	18	,088
Séphel....................	9	,044
Sat ou séa................	6	029
Gomor....................	1	809
Cab......................	1	005
Log......................	0	251

62

Poids.

L'eau contenue dans le grand bath donnait l'unité de poids qu'on appelait talent (kiccar); le talent se partageait en 3,000 sicles (schekel), et le sicle en 20 *oboles*.

Ces poids sont les seuls dont il soit parlé dans les livres saints avant la captivité de Babylone. Vers cette époque les Hébreux firent usage de la *mine* de 60 sicles, et de la *drachme*, centième partie de la mine. De sorte qu'un talent valait 50 mines et 5,000 drachmes. Quelques auteurs anciens parlent aussi d'un talent babylonien de 60 mines.

5...

Ces différents poids valaient en kilogrammes :

Talent babylonien........... 21$^{kil.}$,700
Talent (kiccar)............. 18 ,088
Mine...................... 0 ,862
Sicle (schékel)............. 0 ,006
Drachme.................. 0 ,00862
Obole.................... 0 ,0008

63.

Monnaies.

Dans les premiers temps, l'or et l'argent n'étaient pas monnayés; on les donnait au poids en échange des marchandises. Nous ignorons à quelle époque les Hébreux commencèrent à fabriquer des pièces de monnaie. La valeur de ces pièces fut déterminée d'après leur poids et la valeur du métal; leurs noms restèrent les mêmes que ceux des poids. Ainsi l'on fabriqua des sicles, des drachmes et des oboles d'or ou d'argent. Pour les sommes considérables, on continua de compter aussi par talent et par mine d'or ou d'argent, quoiqu'il n'y ait jamais eu de monnaies aussi lourdes : c'étaient des monnaies de compte. Les anciens employaient pour leurs monnaies des métaux purs, autant que le permettaient leurs procédés d'affinage; il est impossible d'apprécier la quantité d'alliage qui restait

nécessairement dans leurs monnaies. Cet alliage se
réduit à deux millièmes, et même à un millième
dans quelques monnaies de l'Hindoustan. Nous
supposerons donc celles des anciens Hébreux par-
faitement pures.

Il entre un dixième d'alliage dans toutes nos
monnaies; de sorte qu'un kilogramme d'or pur
vaut 3,444 fr. 44 c. en pièces d'or; et un kilogramme d'argent pur vaut 222 fr. 22 c. en pièces
d'argent.

Voici, d'après cette évaluation, quelle serait la
valeur en francs des monnaies d'or et d'argent des
Hébreux.

Monnaies d'or.

Talent babylonien........	74,744 fr.	,35 c.
Talent des Hébreux.......	62,303	,03
Mine...................	1,246	,06
Sicle...................	20	,77
Drachme...............	12	,46
Obole.	1	,04

Monnaies d'argent.

Talent babylonien........	4,823 fr.	,42 c.
Talent des Hébreux.......	4,019	,52
Mine	80	,39
Sicle	1	,34

Drachme.................   0 $^{fr.}$ 804 $^{c.}$

Obole.................   0   067.

Dans ce tableau, nous avons comparé les monnaies d'or des Hébreux à nos monnaies d'or, et leurs monnaies d'argent à nos monnaies de même métal. Cependant l'or, dans les temps anciens, ne valait pas, comme aujourd'hui, quinze fois et demie autant que l'argent. Sa valeur a été estimée par quelques auteurs à dix fois, et par d'autres à douze fois celle de l'argent; mais il est impossible de déterminer cette valeur d'une manière précise, parce qu'elle a subi de nombreuses variations. Chez les Hébreux, l'or a longtemps valu quatorze fois et demie autant que l'argent.

64.

CALENDRIER.

Les Hébreux avaient basé leurs divisions de l'année sur le renouvellement périodique de la lune. Ils avaient douze mois de trente ou de vingt-neuf jours, réglés sur la durée effective d'une lunaison ; ce qui ne faisait que trois cent cinquante-quatre jours dans l'année. Tous les deux ou trois ans, c'est-à-dire, environ vingt-deux fois en cinquante-neuf ans, pour ramener l'année lunaire à l'année solaire, ils ajoutaient un mois complémentaire.

Les Juifs avaient deux années : l'année civile et l'année sacrée. Celle-ci différait de la première en ce qu'elle commençait au premier de nisan, septième mois de l'année civile, c'est-à-dire, vers l'équinoxe du printemps, suivant l'ordre que Dieu même avait donné à Moïse, pour conserver le souvenir de la sortie d'Égypte qui eut lieu dans ce mois. Voici l'ordre dans lequel on comptait les mois de l'année sacrée :

65.

Année sacrée.

Nos	MOIS.	MOIS CORRESPONDANTS.
I	Nisan...............	Mars et Avril.
2	Iar, zio, ziv..........	Avril et Mâi.
3	Siban	Mai et Juin.
4	Thamus..............	Juin et Juillet.
5	Ab	Juillet et Août.
6	Élul.................	Août et Septembre.
7	Thisri ou Éthanim......	Septembre et Octobre.
8	Marchesvan ou Bul.......	Octobre et Novembre.
9	Casleu................	Novembre et Décembre.
10	Tébeth...............	Décembre et Janvier.
11	Schébath.............	Janvier et Février.
12	Adar.................	Février et Mars.
13	Vé-Adar, mois complémentaire, ajouté tous les deux ou trois ans.	

Le mois complémentaire s'appelait *vé-adar* ou
adar second, et s'ajoutait après le mois d'adar,
chaque fois que le 15 de nisan tombait avant
l'équinoxe du printemps. C'était le moyen de re-

porter cet anniversaire de la sortie d'Égypte, après l'équinoxe, conformément à l'usage établi chez les Hébreux.

66.

Année civile.

Voici l'ordre dans lequel on comptait les mois de l'année civile : 1° Thisri ou éthanim ; 2° marchesvan ou bul ; 3° casleu ; 4° tébeth ; 5° schébath ; 6° adar ; 7° nisan ; 8° iar, ou zio, ou ziv ; 9° siban ; 10° thamus ; 11° ab ; 12° élul.

Les noms des mois sont rarement employés dans l'Écriture sainte ; ils sont simplement désignés par leur rang : le premier. le deuxième mois, etc.

FIN.

TABLE ALPHABÉTIQUE

DES PEUPLES ET DES LIEUX

NOMMÉS DANS CE VOLUME.

A.

B.

Bethjésimoth, 42, 140.
Beth-lébaoth, 41.
Bethléhem (Zabulon), 37.
Bethléhem (Juda), 115.
Beth-Marchaboth, 41.
Bethnemra, 41, 138.
Béthonim, 41.
Béthoron, 38, 44, 86.
Bethphagé, 98.
Bethphéleth, 39.
Bethphésès, 37.
Beth-Phogor, 42; 141.
Bethsaïde, 70.
Bethsamès(Nephtali),36, 70.
Bethsamès (Issachar), 37.
Bethsamès (Juda), 45, 113.
Bethsan, 37, 51, 78.

Bethsémès, 113.
Bethsimoth, 34, 42, 140.
Bethsur, 40, 116.
Bethsura, 116.
Beth-Thaphua, 40.
Béthul, 39, 41.
Béthulie, 81.
Bethzacara, 114.
Bézec, 115.
Bézétha, 102, 103, 107.
Bons-Ports, 165.
Bosor, 45, 137, 141.
Bosra, 20,21, 42,45,51, 131.
Bostra, 131.
Bubaste, 159.
Byblus, 145.

C.

Cabséel, 39, 120.
Cabul, 36.
Cadémoth, 141.
Cadès (Nephtali), 27.
Cadès-Barné, 32, 33,39, 120.
Cadytis, 102.
Callirboé, 141.
Calno, 152.
Calvaire, 104, 111.
Camp de Dan, 91.
Cana (Aser), 37.
Cana (Zabulon), 73.
Canatha, 41, 129.
Canath-Nobé, 41, 129.
Canné, 152.
Caparnaüm, 70.
Caphara, 38, 97.
Capharnaüm, 70.
Capharsabé, 85.
Capharsalama, 98,
Caphira, 38, 97.
Caphtor, 20.
Caphtorins, 8, 16, 20.
Cappadociens, 6, 16.
Carchémis, 152
Cariath, 38.

Cariathaïm, 42, 141.
Cariath-Arbé, 20, 40, 118.
Cariath-Baal, 40.
Cariathiarim, 40, 114.
Cariath-Senna, 40, 118
Cariath-Sépher, 118.
Carioth-Hesron, 39.
Carith (torrent), 65.
Carmel (mont), 56.
Carmel de Juda (mont), 57.
Carnaïm, 131, 137.
Carnéa, 131.
Carnion, 131.
Cartha, 37, 44, 74.
Carthage, 145.
Carthan, 44, 69.
Casaloth, 37.
Casbon, 133.
Casis, 38.
Casphia, 155.
Casphin, 90.
Casphor, 137.
Cateth, 37, 74.
Caucase (mont), 2, 5.
Caude, 165.
Cédar, 23.

Cédès, 27, 36, 44, 45, 69.
Cédésa, 69.
Cédimoth, 42, 141.
Cedmonéens, 12.
Cédron (torrent), 63.
Céélatha, 32.
Ceila, 40, 117.
Célésyrie, 144, 146.
Celtes, 5.
Cénéreth, 36, 74.
Cénéroth, 36, 73.
Cénéroth (lac de), 59.
Cénézéens, 11, 14, 20.
Césarée, 51, 80, 161, 164, 165.
Césarée de Philippe, 67.
Céseleth-Thabor, 37.
Césil, 39, 41.
Césion, 37, 44, 77.
Céthim, 6.
Cethlis, 39.
Cétron, 74.
Chaboras (rivière), 151.
Chabul, 36.
Chabul (pays de), 72.
Chalanné, 152.
Chaldée, 11, 150.
Chaldéens, 9, 151.
Chalé, 151.
Chali, 36.
Cham, 4, 6, 158.
Chanaan, 6, 8, 11, 14.

Chananéens, 19, 32.
Characa, 150.
Charcamis, 152.
Charræ, 151.
Chasluim, 8.
Chebbon, 39.
Chios, 164.
Choa, 158.
Chorozaïm, 129.
Chun, 148.
Chus, 2, 6.
Cibsaïm, 44, 84.
Cilicie, 5, 163.
Cimmériens, 5.
Cina, 39.
Cinnéroth, 74.
Circésium, 152.
Cison (torrent), 62.
Cison (petit), (torrent), 65.
Cnide, 165.
Coa, 158.
Colosses, 167.
Corinthe, 164.
Cos, 164.
Crète, 165.
Ctésiphon, 152.
Cutha, 155.
Cydissus, 69.
Cypre, 6, 162, 165.
Cyrénaïque, 7.
Cyrène (Assyrie), 155.
Cyrène (Libye), 155.

D.

Dabaritha, 76.
Dabéreth, 44, 76.
Dabir (Gad), 41, 134.
Dabir (Juda), 20, 27, 40, 45, 118.
Dabira, 76.
Dadan, 7.
Dalmanutha, 130.
Damas, 9, 146, 161.
Damna, 37, 44, 73.

Dan, 38, 42, 68, 91.
Dan (tribu), 38, 45, 88.
Danna, 40.
Daphca, 29.
Daphné, 144.
Daphnès, 159.
Dathéman, 137.
Debbaseth, 37.
Débir, 118.
Décapole, 78.

Décla, 10.
Dédan, 7.
Déléan, 39.
Derbe, 163.
Désert, 149.
Dibon (Gad), 41, 138.
Dibon (Ruben), 41, 142.
Dibongad, 34.
Dimona, 39.

Diocésarée, 75.
Diospolis, 88.
Dodanim, 6.
Dodone, 6.
Dommim, 114.
Dor, 37, 76.
Dora, 27, 37, 76.
Dothaïm, 74.
Dothaïn, 74.

E.

Eaux de contradiction, 33.
Ébal, 10.
Ecbatane (Galilée), 76.
Ecbatane (Médie), 154.
Édéma, 36.
Éden, 1.
Éder, 39.
Édom, 156.
Édomites, 12, 25.
Édraï (Manassé), 27, 41, 130.
Édraï (Nephtali), 36.
Églon, 17, 18, 27, 39, 116.
Égypte, 12, 14, 26, 158.
Égyptiens, 7.
Ékron, 122.
Élam, 9.
Élamites, 9, 154.
Élana, 157.
Élath, 25, 157.
Éléalé, 41, 138.
Éleph, 38.
Éleuthère (fleuve), 146.
Éleuthéropolis, 112.
Élim, 29.
Élisa, 5.
Elmélech, 36.
Elmodad, 10.
Élon, 38.
Elthécé, 38, 45, 89.
Elthéco, 38, 45, 89.
Elthécon, 40.
Elthölad, 39, 41.

Élymaïde, 155.
Élyméens, 9.
Émath (Nephtali), 15, 36, 67.
Émath (Syrie), 15, 148.
Émim, 12, 14, 22.
Émites, 12.
Emmaüs (Benjamin), 96.
Emmaüs (Dan), 97.
Emmaüs (Zabulon), 74.
Émona, 38.
Énacim, 14, 20.
Énaïm, 39.
Énan, 67.
Endor, 37, 74.
Engaddi, 40, 117.
Engallim, 116.
Engannim (Issachar), 37, 44, 77.
Engannim (Juda), 39.
En-hadda, 37.
En-hasor, 36.
Ennon, 82.
Entrée d'Émath, 62.
Éoliens, 5.
Éphèse, 164, 166.
Éphra, 82.
Éphraïm (tribu), 38, 44, 83.
Éphraïm (monts d'), 56.
Éphraïm (forêt d'), 133.
Éphrata, 114.
Éphrem, 86.

G.

T.

U.

V.

FIN DE LA TABLE ALPHABÉTIQUE.

OUVRAGES
DE
MM. ACHILLE MEISSAS ET MICHELOT,
QUI SE TROUVENT CHEZ LES MÊMES LIBRAIRES.

GÉOGRAPHIE.

Ouvrages de MM. ACHILLE MEISSAS et MICHELOT,
APPROUVÉS PAR L'UNIVERSITÉ.

	Prix.
1° *Nouvelle Géographie méthodique*, 1 vol. in-12, cartonné...	2 50
2° *Petite Géographie méthodique*, destinée aux enfants du premier âge, 1 vol. in-18, cartonné......................	» 60
3° *Tableaux de géographie*, à l'usage des écoles primaires, 28 feuilles, cartonné...........................	3 »
4° *Manuel de géographie*, contenant les mêmes tableaux, avec des additions à la géographie de la France, 1 vol. in-18, cartonné..........................	» 75
5° *Géographie ancienne*, comparée avec la géographie moderne, 1 vol. in-12, cartonné......................	2 50
6° *Petite Géographie ancienne*, 1 vol. in-18, cartonné.........	1 »
7° *Géographie sacrée*, approuvée par Mgr l'Archevêque de Paris et par plusieurs autres prélats, 1 vol. in-18, cartonné....	1 25

Nota. Tous ces différents ouvrages ont été approuvés par le Conseil royal de l'Université, ainsi que les atlas qui y sont affectés spécialement.

...ctionnaire de géographie ancienne et moderne, 1 vol. grand in-8°, avec 8 cartes. Prix, broché....................	7 50

CARTES

...grand raisin vélin, composant l'*Atlas universel de géographie moderne* de MM. Achille Meissas et Michelot.

CARTES GÉNÉRALES.	CARTES PARTICULIÈRES.
Mappemonde.	N° 8 France.
Europe *écrite*.	N° 8 (*bis*) France *muette*.
(*bis*) Europe *muette*.	N° 9 Iles Britanniques.
3 Europe centrale *écrite*.	N° 10 Hollande et Belgique.
3 (*bis*) Europe centr. *muette*.	N° 11 Suisse.
4 Asie *écrite*.	N° 12 Allemagne.
4 (*bis*) Asie *muette*.	N° 13 Espagne et Portugal.
N° 5 Afrique *écrite*.	N° 14 Autriche, Italie, Turquie et Grèce.
N° 5 (*bis*) Afrique *muette*.	N° 15 Asie occidentale.
N° 6 Amérique *écrite*.	N° 16 Inde en deçà et au delà du Gange.
N° 6 (*bis*) Amérique *muette*.	N° 17 Afrique, partie nord-ouest.
N° 7 Océanie.	N° 18 Amérique septentrionale.
	N° 19 Amérique méridionale.

Pour la commodité de l'enseignement, on a composé les atlas in-folio suivants, distingués par les lettres A, B, C, D, E, F.

(A) ATLAS ÉLÉMEMTAIRE *de la nouvelle géographie méthodique*, com-posé des cartes 1, 2, 3, 4, 5, 6, 7; prix, broché...... 6 »

(B) *Le même*, avec cinq cartes muettes, cartonné............ 11 50

(C) ATLAS UNIVERSEL *de la nouvelle géographie méthodique*, composé des nᵒˢ 1, 2, 3, 4, 5, 6, 7, 8, 9, 12, 13, 14 (12 cartes). 11 50

(D) *Le même*, avec les six cartes muettes (18 cartes)........ 15 »

(E) ATLAS UNIVERSEL *de géographie moderne*, 19 cartes, sur grand raisin, cartonné.................................. 18 »

(F) *Le même*, avec six cartes muettes, 25 cartes........... 24 »

    Chaque carte sur grand raisin, se vend séparément....... 1 »

    Chaque carte collée sur carton......................... 1 25

CARTES

Sur 1/4 de jésus, formant le PETIT ATLAS UNIVERSEL *de géographie moderne* de MM. Achille MEISSAS et Auguste MICHELOT.

CARTES GÉNÉRALES.

Nᵒ 1 Mappemonde *écrite*.
Nᵒ 1 (*bis*) Mappemonde *muette*.
Nᵒ 2 Europe *écrite*.
Nᵒ 2 (*bis*) Europe *muette*.
Nᵒ 3 Europe centrale *écrite*.
Nᵒ 3 (*bis*) Europe centr. *muette*.
Nᵒ 4 Asie *écrite*.
Nᵒ 4 (*bis*) Asie *muette*.
Nᵒ 5 Afrique *écrite*.
Nᵒ 5 (*bis*) Afrique *muette*.
Nᵒ 6 Amérique *écrite*.
Nᵒ 6 (*bis*) Amérique *muette*.
Nᵒ 7 Océanie *écrite*.
Nᵒ 7 (*bis*) Occanie *muette*.

CARTES PARTICULIÈRES.

Nᵒ 8 France.
Nᵒ 8 (*bis*) France *muette*.
Nᵒ 9 Iles Britanniques, Hol-lande et Belgique.
Nᵒ 10 Prusse et Etats secondai-res de la Confédération germanique.
Nᵒ 11 Espagne et Portugal.
Nᵒ 12 Autriche, Italie, Turquie et Grèce.
Nᵒ 13 Asie occidentale.
Nᵒ 14 Inde en deçà et au delà du Gange.
Nᵒ 15 Afrique partie nord-ouest.
Nᵒ 16 Amérique septentrionale.
Nᵒ 17 Amérique méridionale.

Chaque carte sur 1/4 jésus, se vend séparément........ » 35

Ces cartes composent les atlas suivants, marqués A, B, C, D:

(A) PETIT ATLAS ÉLÉMENTAIRE, dressé pour la petite géographie mé-thodique, et pour le Manuel de géographie, composé des huit premières cartes écrites, cartonné; prix............... 2 50

(B) *Le même*, avec les huit cartes muettes (16 cartes)........ 3 50

(C) PETIT ATLAS UNIVERSEL *de géographie moderne*, 17 cartes écrites, cartonné .... 5 »

(D) *Le même*, avec huit cartes muettes (25 cartes), cartonné... 6 »

(E) Petit atlas universel *de géographie ancienne et moderne*, comprenant le petit Atlas universel de géographie moderne, et l'Atlas de géographie ancienne; 56 cartes, cartonné....... 9 »

(F) *Le même*, avec huit cartes muettes; 44 cartes.......... 10 »

(G) Atlas complet *de géographie ancienne, du moyen âge et moderne, et de géographie sacrée*, comprenant toutes les cartes des différents atlas sur 1/4 de jésus; 52 cartes écrites, cart... 14 »

(H) *Le même*, avec huit cartes muettes, 60 cartes.......... 15 »

Atlas de géographie ancienne, contenant tous les détails nécessaires pour l'étude de l'histoire ancienne; 19 cartes sur 14 planches 1/4 jésus............................... 5 »

Cartes contenues dans cet Atlas :

Monde connu des anciens.
Europe.
Iles Britanniques.
Germanie et Illyrie.
Gaule.
Espagne.
Gaule Cisalpine.
Italie centrale et Grande Grèce.
Grèce.
Macédoine et Thrace.
Partie de la Grèce.

Asie Mineure et Syrie septentrionale.
Asie Mineure, partie occidentale.
Asie entre la mer Intérieure et l'Indus.
Palestine.
Egypte et Libye extérieure.
Afrique, partie nord-ouest.
Empire d'Alexandre.
Empire romain à la mort de Constantin le Grand.

Petit atlas *de géographie du moyen âge et des principales époques des temps modernes*, 10 cartes sur 1/4 de jésus, précédées d'une notice sur chaque carte; cartonné...................... 3 50

Petit atlas *de géographie sacrée*, 8 cartes sur 6 planches 1/4 de jésus, cartonné............................... 2 »

GRANDES CARTES MURALES, MUETTES ET ÉCRITES,
coloriées à teintes plates.

1° *Mappemonde* muette, 20 feuilles grand raisin; prix........ 10 »

La même, écrite................................... 12 »

2° *Europe* muette, 16 feuilles...................... 7 50

La même, écrite.................................. 9 »

3° *France* muette, 16 feuilles..................... 7 50

La même, écrite.................................. 9 »

4° *Asie* écrite, 16 feuilles....................... 10 »

5° *Amérique septentrionale et Amérique méridionale*, écrites, 20 feuilles.................................... 12 »

6° *Afrique* écrite, 16 feuilles.................... 10 »

7° *Italie et Grèce* anciennes, écrites, 16 feuilles........... 10 »

200

8° *Empire romain*, écrit, 16 feuilles........................ 10 »
9° *Palestine* ancienne, avec un plan de Jérusalem, écrite, 16
    feuilles .... 10 »
    FEUILLES D'EXERCICES GÉOGRAPHIQUES divisées en trois de-
    grés : 1° cartes muettes complètes; 2° cartes avec les
    méridiens, les parallèles et les contours des côtes seule-
    ment; 3° cartes avec les méridiens et les parallèles seu-
    lement; lithographiées; prix de la feuille 1/2 carré. 10 c. et 12 1/2

LANGUE FRANÇAISE.

Ouvrages de MM. ACHILLE MEISSAS, MICHELOT et PICARD,

APPROUVÉS PAR L'UNIVERSITÉ.

1° *Grammaire française*, 1 vol. in-12, cartonné............. 1 35
2° *Exercices de grammaire*, 1 vol. in-12, cartonné.......... 1 35
3° *Corrigé des exercices de grammaire*, 1 vol. in-12, cart.... 1 35
4° *Tableaux de grammaire*, avec des exercices et une expli-
    cation des procédés.. 5 »
5° *Manuel de grammaire*, contenant les mêmes tableaux, 1 vo-
    lume in-18, cartonné............... .... » 75

HISTOIRE.

1° *Tableaux de l'histoire de France*, par MM. Achille MEISSAS
    et MICHELOT... 3 50
2° *Manuel d'histoire de France*, contenant les mêmes tableaux
    avec le portrait des rois, 1 vol. in-18................... » 75

PÉDAGOGIE.

1° *Manuel des aspirants aux brevets de capacité* pour l'enseigne-
    ment primaire élémentaire et pour l'enseignement primaire
    supérieur, par MM. LAMOTTE, MEISSAS et MICHELOT,
    approuvé par l'Université, avec un programme des ques-
    tions, 2 vol. in-12................................... 7 »
Le programme seul, à l'usage des inspecteurs et des comités.. 1 »
2° *Manuel des aspirants au brevet de capacité et au diplôme de*
    maîtresse de pension, par MM. LAMOTTE, LESUEUR, MEIS-
    SAS et MICHELOT, approuvé par l'Université; 2 vol. in-12. 7 »
Le programme seul... 1 »

Tombeaux

Palais d'Hérode

où Simon de Cyrène aida à porter sa Croix

M^on de Simon le Pharisien

Homo Douleurs

d'Antoine

TEMPLE

Porte du Jugement

M^on de L

Calvaire

la Roche de Véronique

Palais des Machabées

St Sépulcre

Bain de Bethsabée

Chemin d'Emmaüs

ue sup^le Gihon

T^r d

Aqueduc

de Phaxael

Cité de David

T^r de M

Piscine ü de

Amphithéâtre

Palais

avid

T. de Siloé

de Tyropéo

cine inf^re de Siloé

de Néhémie

Village de Siloé

Palais des erreurs de Salomon

Raphaïm

Vallée des Enfants d'Ennon

Aqueduc de Bethléem

celdama

Gehenna ou To

M^on de Campagne de Caïphe

Tombeaux

Mt du Mauvais Conseil

Vallée de Josaphat

Vallée de Cédron

Tombeau de la Vierge

où les Disciples at

Place où Jésus en sogna sa M^ Oraison

Place où Jésus pleura sur Jérusalem

Grotte du Credo

et de Béthanie

semani

de Zacharie

e sup^re de Siloé

Cédron T.

MONT DES OLIVIERS

MONT

PLAN DE JÉRUSALEM.

100 200 300 400 500 600 700 800 900 2000 Mètres